일을 잘 맡기는 기술

일 잘하는 리더보다 일 잘 맡기는 리더가 되라

일을 잘
맡기는 기술

모리야 도모타카 지음

정지영 옮김

센시오

일을 잘하는 리더보다
일을 잘 맡기는 리더가 조직을 키운다

   일을 잘하는 리더가 되고 싶은가? 아니면 일을 잘 맡기는 리더가 되고 싶은가? 어떤 일을 잘할 것 같아서 맡겼더니, 생각과는 다르게 일하는 팀원들 때문에 답답한가? 그렇다면 일을 잘 맡기는 기술이 필요할 때다. 일을 잘 맡긴다는 건 무엇일까? 우선 조직 구성원 입장에서는 '리더가 일을 잘 맡긴다'는 것은 구성원이 역동적으로 조직에 공헌하고, 지속적으로 성장하게 하는 원동력이 되게 하는 것이다. 그렇다면 조직의 리더에게 질문을 해보겠다.

   "일을 맡긴다는 것은 리더에게 어떤 의미가 있을까? 왜 내가 일을 잘하는 것보다 팀원이 일을 잘하게 맡기는 게 중요한가?"

   업무를 잘 맡기는 것은 조직과 구성원의 성장을 위해 필수 불가결한 과정이다. 조금 과격하게 말해 리더가 일을 잘하는 건 하나도 쓸모없다. 조직의 구성원, 팀원이 일을 잘할 수 있게 업무를 적절히 잘 위임하는 것이 훨씬 생산적이며, 모두에게 이로운 방향이다. 리더가 일을 잘 맡기게 되면 조직에 다음과 같은 긍정적 변화를 기대할 수 있다.

▶ 일을 위임함으로써 리더가 혼자서 처리했던 일을 구성원 수만큼 넓힐 수 있다.
▶ 다양한 구성원의 창의적인 아이디어가 샘솟는다.
▶ 리더와 팀원 모두에게 여유가 생겨서 새로운 기회를 모색할 수 있다.
▶ 혼자서는 해결하기 어려운 문제들을 팀으로 함께 헤쳐나갈 수 있다.
▶ 일을 맡은 구성원들은 책임감을 느끼고 더욱 적극적으로 조직에 기여하게 된다.
▶ 팀원은 일을 맡아 처리하는 과정과 결과를 통해 그만큼 성장하게 된다.

혹시 아무도 믿지 못해 실무를 꼭 쥐고 있는가? 그러한 리더
는 조직에 해가 될 뿐이다. 왜 일을 맡겨야 하는가? 누구를 위
해, 무엇을 위해 일을 맡겨야 하는지 생각해 보자.

▶ 구성원의 성장과 자신감을 위해서?
▶ 조직의 성과와 생산성 향상을 위해서?
▶ 리더 개인의 업무 부담을 줄이기 위해서?
▶ 리더의 부재중에도 조직이 원활하게 운영되도록 하기 위
  해서?

그렇다. 모두 맞는 말이다. 이렇게 다양하게 생각할 수 있다.
이러한 질문을 통해 드러나는 것은 리더가 위임하는 목적과 목
표에 따라 위임의 방식, 내용, 그리고 리더의 관여, 필요한 준비
도 달라진다는 점이다. '누구를 위해 일을 맡기는 것인가?' '무
엇을 위해 일을 맡기는 것인가?' '리더가 일을 잘하는 건 쓸모
없다'를 염두에 두고 일을 맡기자. 그런데 혹시 다음과 같은 상
황이나 생각을 해본 적이 있는가?

▶ 팀원에게 일을 맡겨놓고 무심코 참견했다.

▶ 팀원에게 맡겨놓은 일을 중도에 다시 가져왔다.

▶ 일을 맡기고 싶어도 안심하고 맡길 수 있는 인재가 없다고 생각했다.

▶ 일을 맡기는 것보다 자신이 하는 편이 빠르다고 생각했다.

▶ 팀원의 실패가 걱정되어서 일을 맡길 수가 없다.

사실 나는 이전에 비슷한 경험을 여러 차례 겪은 적이 있다. 과거에는 일을 위임하는 구체적인 목표에 대해 고민해 본 적이 없었다. 일을 맡겼다가 다시 가져오거나 간섭하는 것이 리더의 당연한 의무라고 생각했다. 심지어 이런 일 처리는 긍정적이라고 여겼다. 그냥 방치할 경우 클라이언트와 팀원 모두에게 불이익을 초래할 수 있다고 생각했다. 하지만 되돌아보면, 그때의 나는 오롯이 자기 이익을 위해 일을 위임했던 것이다. 결국 나의 평판이 하락되거나 클라이언트로부터의 비난을 두려워하는, 즉 나의 자기 방어적인 태도 때문에 지속적인 위임을 포기했던 것이다.

"어떻게 일을 효과적으로 잘 맡길 것인가?"

"성공적으로 일을 맡기려면 어떻게 해야 할까?"

"내가 맡긴 일을 팀원이 잘하게 하는 방법은 무엇일까?"

이런 고민을 하고 있는 리더라면, 우선 목표를 설정해라. 사실 일을 맡은 팀원이 일을 잘하지 못하는 이유는 대부분 리더의 태도에서 비롯되는 문제다. 그런데 리더는 팀원들의 능력 문제로 오해하는 경우가 많다. 일을 맡기는 데에 있어 나타나는 문제의 주범은 바로 리더 당신이다.

함께 일해서 좋았다는 말을 듣는 리더가 되고 싶은가? 자기 일만 잘한다는 말을 듣는 리더가 되고 싶은가? 단순히 기계적으로 일을 맡기느냐, 아니면 목적이 있는 상태에서 일을 맡기느냐에 따라 팀원의 성장도, 리더의 자세도 달라진다. 이는 팀원들의 커리어 성장에 중대한 영향을 줄 뿐만 아니라, 리더에게도 책임감과 만족감을 제공한다.

팀원의 발전은 리더에게도 새로운 도전의 기회를 제공하며, 인생에서 큰 보람과 가치, 행복을 느끼게 하는 계기가 된다. 이

책에서는 10년 후, 예전에 함께 일했던 팀원에게 다음과 같은 말을 듣기 위한 '일을 잘 맡기는 기술 55가지'를 소개한다.

"함께 일할 수 있어서 좋았습니다."
"맡겨주신 프로젝트 덕분에 제 경력의 큰 전환점이 되었습니다. 고맙습니다."

누구나 일을 효과적으로 잘 맡김으로 구성원이 제대로 조직에 공헌하고 조직을 성장하게 돕는 리더가 될 수 있다. 그렇게 괜찮은, 쓸모 있는 리더가 되길 바란다.

모리야 도모타카

차례

서문 | 일을 잘하는 리더보다 일을 잘 맡기는 리더가 조직을 키운다 · 4

1장 | 일을 맡기기 전

01 맡길 때 건네는 한마디에 팀원은 180도 달라진다 · 17

02 평소에 잘하자 · 21

03 맡길 땐 조건을 붙이지 않는다 · 23

04 까라면 까라고? 큰일 날 소리 · 27

05 리더의 일, 팀원의 일 · 32

2장 | 일을 맡길 인재가 없는 게 아니라 일을 맡기는 방법을 모르는 것

06 비언어 메시지의 중요성 · 39

07 '전달했다'와 '전달됐다'의 차이 · 41

08 어디까지 관여할지가 관건이다 · 46

09 시간은 고무줄이 아니다 · 49

10 중요한 일은 반드시 '이것'을 말해줘야 한다 · 53

11 어설픈 동기부여는 역효과만 낸다 · 56

12 팀원의 사정은 백 가지 · 60

13 나를 알아야 팀원이 보인다 · 62

14 일을 맡기면서 생색만 내는가 · 66

15 일을 맡기는 이유를 설명하라 · 68

16 과거는 과거일 뿐 · 70

17 일을 맡길 때 절대 하지 말아야 하는 한 가지 · 74

18 뭉치면 길이 보인다 · 78

19 언제나 완벽할 필요는 없다 · 80

3장 | 일을 맡길 때 성패를 가르는 것

20 누구나 무의식적 편견이 있다 · 87

21 일을 맡겨 놓고 불안하다면 · 92

22 무조건 옳은 방법은 없다 · 94

23 여자 일, 남자 일이 따로 있다고? · 96

24 한 번 실패한 팀원에게 어떻게 일을 맡길 것인가 · 99

25 일이 아닌 용기를 준다 · 101

26 일을 거절하는 팀원에게 일을 맡길 때 · 104

27 불편한 팀원에게 일을 맡길 때 · 106

28 확증 편향, 현상 유지 편향, 자기 봉사 편향,
부정 편향 팀원에게 일을 맡길 때 · 108

29 무의식적 편견을 경계하라 · 112

4장 | 잘 맡겼으니 이제 잘 해내도록 돕는다

30 언제든지 상담하러 오라는 말은 하지 마라 · 117

31 중간보고할 때 체크포인트 · 122

32 중간보고하지 않을 때 · 126

33 맡긴 일을 망치고 싶으면 떠먹여라 · 128

34 팀원을 성장시키는 조언 · 130

35 팀원이 웃는다고 괜찮은 게 아니다 · 133

36 맡긴 일이 진행되지 않을 때 · 137

37 일을 맡긴 후에 하면 안 되는 것 · 139

38 과도한 격려는 부담이다 · 142

39 맡긴 일을 중단시켜야 할 때 · 146

40 팀원의 비언어 메시지를 캐치하라 · 149

41 맡긴 일을 의욕적으로 하는지 판단하는 방법 · 152

42 팀 분위기 만드는 방법 · 154

5장 | 팀원의 변화와 성장이 일을 맡기는 이유다

43 일의 끝맺음이 중요한 이유 · 159

44 맡긴 일의 결과가 달라지는 한마디 · 163

45 질책보다 다음을 기약하라 · 167

46 팀원들의 협력 체제를 구축하는 법 · 170

47 가능과 불가능의 사이를 파악한다 · 174

6장 | 일 잘하는 리더가 아닌
일 잘 맡기는 리더가 되라

48 일 맡길 때 가장 많이 실수하는 것 · 179

49 일 맡길 때 두 번째 많이 실수하는 것 · 183

50 팀원이 불안해할 때 · 188

51 맡긴 일을 리더가 이렇게 처리할 때 팀원은 질색한다 · 192

52 성과를 내고 있는 팀원에게 리더가 조심해야 할 것 · 196

53 팀원이 자립하게 돕는 방법 다섯 가지 · 198

54 팀원에게 의지하는 리더? · 202

55 리더의 자질은 여기에서 드러난다 · 204

맺음말 · 206

1장

일을 맡기기 전

맡길 때 건네는 한마디에 팀원은 180도 달라진다

조직에서 구성원에게 일을 맡길 때 다음과 같은 경험을 한 적이 있는가?

▶ 팀원에게 일을 맡기고 싶다고 했더니 내키지 않다는 표정을 지었다(선뜻 맡으려고 하지 않는다).
▶ 팀원이 맡긴 일에 좀처럼 착수하지 않는다(다른 일을 우선시한다).
▶ 팀원이 맡긴 일을 억지로 하는 것처럼 느껴졌다.
▶ 일을 맡기고 싶다고 애써 말을 건넸는데, 팀원에게서 자신

이 없다는 대답이 돌아와 실망했다.

▸ 일을 맡겼더니 꼬치꼬치 질문이 너무 많아서 맡긴 의미가 없는 것처럼 보였다.

▸ 업무의 결과물을 보고 일을 맡기기는 아직 이르다는 생각을 하면서 팀원에게 실망을 했다.

▸ 맡긴 일의 진행 상황이 신경 쓰여 자신의 일이 손에 잡히지 않았다.

과거의 경험에 비추어 봤을 때 나는 어떠했는가? 이런 일은 리더의 기대치와 차이가 나서 생기는 경우가 대부분이다.

"일을 맡았다면 처음부터 기쁜 마음으로 해야 한다."
"일을 맡은 이상 일정의 성과를 내야 한다."

이런 식의 무의식적 편견(고정 관념)이 일을 받는 사람에게 영향을 미친다(6장 참조). 팀원에게는 눈에 보이지 않는 사정이 있을 수 있다. 팀원은 그때그때 우리가 깨닫지 못한 다양한 사정 때문에 그렇게 판단하고 행동했을지도 모른다.

▶ 팀원은 지금 내가 모르는 어떤 일, 예를 들어 임원이 의뢰한 일을 처리하느라 바쁠 수도 있다.

▶ 직장에서의 인간관계로 고심하고 있을지도 모른다.

▶ 고객의 일을 처리하고 답변해야 할 기한이 임박해서, 그 일을 처리하고 있는 중일 수도 있다.

▶ 과거에 비슷한 일을 맡아서 실패했던 기억이 떠올라서 주춤하고 걱정하고 있을 수도 있다.

▶ 개인적으로 힘든 시간을 보내고 있을 수도 있다. 예를 들어 자신의 장래나 가족 문제로 고민하고 있을 수 있다.

이렇게 주변에 드러나지 않은 사정이나 리더가 파악하지 못한 일이 하나둘쯤 있어도 이상하지 않다. "맡기고 싶은 일이 있다."라고 말을 걸었을 때 팀원의 안색이 어두워지거나 내키지 않는 표정을 짓거나 놀라거나 곤혹스러워하는 모습을 본 적이 있을 것이다. 당시 그 팀원은 여러 가지 일이 겹쳐서 머릿속이 포화 상태였을지도 모른다. 아니면 리더가 일을 맡기는 방식을 보고, 어떤 이슈가 있어서 일을 맡는 것이 아니라 떠안게 되었다고 느꼈을 수도 있다.

일을 맡기기 전, 맡기는 동안, 맡긴 후, 상대에게 어떤 불편한 기색이 있다면 그대로 두지 말고 말을 걸어보자. 각 상황에서 리더가 얼마나 배려의 범위를 넓혀 살피고, 적절한 때에 필요한 한마디를 건네느냐에 따라 일을 맡은 상대가 받아들이는 방식이 크게 달라진다. 중요한 것은 다음과 같이 사려 깊은 말을 건네는 것이다.

"현재 따로 진행하는 일이 있나요?"

"지금 이 일을 맡아도 괜찮겠어요?"

"그때 맡긴 일은 어떻게 되어가고 있어요? 어려움이 있으면 말해줄래요?"

"맡은 일은 잘 진행되고 있어요?"

"안색이 좋지 않네요. 무슨 일이 있어요? 걱정이 되어서 그런데요, 괜찮아요? 혹시 무슨 문제가 있으면 말해줄래요?"

이런 말 한마디가 팀원들의 마음을 크게 움직인다.

 **Point 1 말 한마디라도 마음을 써서 건넨다.**

평소에 잘하자

02

"일을 맡겨 주셔서 감사합니다."

"일을 맡겨 주셔서 어떻게든 성과로 보답하고 싶습니다."

팀원에게 이런 말이 돌아오는 리더와 그렇지 않은 리더가 있다. 그 차이는 어디에서 올까? 바로 리더에 대한 절대적인 신뢰다. 신뢰란 '이 사람이라면'이라고 생각할 수 있는 마음가짐이다. 일을 받는 사람 입장에서는 '이 사람이 주는 일은 맡고 싶지만, 저 사람이 주는 일은 별로 내키지 않아.'라고 생각할 수도 있다. 누가 일을 맡기느냐에 따라 팀원이 받아들이는 방식이나 동기 부여가 달라질 수 있다는 것이다. 즉 평소 쌓아놓은 신뢰 관계가 일을 맡기는 데에 힘이 되어준다.

신뢰 관계란 사이좋은 관계라는 의미가 아니다. 바쁠 때, 힘들 때도 상대를 위해 노고를 아끼지 않는 관계성을 말한다. '이 사람을 위해서라면 만사를 제쳐두고서라도 힘이 되고 싶다.'라고 생각하고 있는 팀원이 주변에 있는가? 그런 신뢰 관계를 맺는 것은 평소 자신이 얼마나 의식적으로 노력하는가에 따라 달라진다. 다음을 보면서, 내가 어디에 더 신경 쓰고 있는지 생각해 보자.

▶ 본인의 평가인가? 팀의 실적인가?
▶ 팀원 개개인의 마음인가? 팀원의 성장인가?

자신이 리더로서 어느 부분에 염두를 두는지 곰곰이 생각해 보자.

☀Point 2 평소 의식을 두는 부분이 신뢰 관계에 영향을 준다.

맡길 땐
조건을 붙이지 않는다

03

신뢰받는다는 것은 무엇을 말하는 것일까? 사람이 무언가를 믿을 때 사용하는 말에는 두 가지가 있다. 신뢰와 신용이다. 비슷하면서도 다른 이 두 가지 말에 대해 알아보자.

▸ 신뢰 관계라고 하지만, 신용 관계라고는 하지 않는다.
▸ 신용 조사라고는 하지만, 신뢰 조사라고는 하지 않는다.
▸ 시스템의 신뢰성이라고는 하지만, 시스템의 신용성이라고는 하지 않는다.

이처럼 신뢰와 신용에는 명확한 차이가 있다. 신뢰와 신용을 다음과 같이 정리해 보았다.

▶ 신뢰란 미래를 믿는 것
▶ 신용이란 과거를 믿는 것

신뢰해서 일을 맡기는 것과 신용에 따라 맡기는 것에는 큰 차이가 있다. 신용이란 과거의 실적이나 그동안 습득해 온 기술을 믿는 것이다. 따라서 신용은 조건부 믿음이다.

신용을 바탕으로 일을 어디까지 맡길 것인지, 어떤 일을 맡길 것인지 정하는 일 자체가 나쁘다는 뜻은 아니다. 무조건 신용만 믿고 일을 맡기지 말라는 것이다.

물론 무조건 신용만 믿고 일을 맡기면, 일을 맡기는 조건이나 맡기는 범위 등에 한계를 두어야 하다. 그런데 그렇게 한계를 두는 조건과 범위는 팀원에게 '신뢰받지 못한다'는 씁쓸함이나 '필요에 따라 이용당할 뿐'이라는 느낌을 주게 한다. 그래서 리더는 일을 맡겼다고 생각해도 팀원 측에서 맡았다는 느낌을 받지 못하는 경우가 생긴다.

그렇다면 신뢰란 도대체 무엇일까? 바로 앞으로 일어날 미래를 믿는 것이다. 과거가 어떻든 무조건 상대를 믿는 것이 신뢰다. 어떻게 될지 알 수 없고, 실패할지도 모른다는 불안감을 극복하고 믿는다는 데에 신뢰의 의미가 있다.

신뢰는 다르게 말하자면 위험을 감수하는 믿음이라고도 할 수 있다. 팀원들의 미래를 믿고, 팀원 자체를 믿고, 불안을 느끼면서도 믿는다. 이렇게 위험을 감수하는 자세에 팀원들은 보답하고 싶어진다. 신뢰에 따라 일을 맡기는 것이 반복되다 보면, 머지않아 리더의 부탁에 보답하고자 하는 신뢰 관계가 생겨난다.

신뢰 관계는 보답성의 심리로 생겨난다. 보답성의 심리는 보상받은 것에 대해 보답하고 싶어지는 마음을 말한다. 리더 나름대로 위험을 감수하기 때문에 팀원들도 상호주의로 행동하고 싶어지는 것이다. 팀원을 조건부로 믿어놓고, 팀원에게는 리더를 전폭적으로 신뢰해 주길 바라는 것은 뻔뻔하게 비칠 수 있다.

"자신의 방식대로 할 수 있는 한 최선을 다해서 일을 진행해 보기를 바랍니다."
"가능해 보이는 일이 있다면, 꼭 도전해 보기를 바랍니다."

이처럼 리더가 조건을 붙이지 않고 팀원을 믿는 데에서 신뢰 관계가 쌓인다. 그 속에서 상상을 뛰어넘는 팀원의 성과가 나올 수 있다.

Point **3** **미래를 믿고 일을 맡긴다.**

까라면 까라고?
큰일 날 소리

04

일을 맡길 때는 자신의 사고방식과 상대의 사고방식이 다를 수 있다는 전제를 세워야 한다.

맡기고 싶은 일의 내용을 설명하는 상황

일을 맡길 때 다음과 같은 말을 덧붙인 적이 있는가?

"이 일을 맡기기에는 조금 이르다고 생각했는데요."
"이런 프로젝트를 맡다니 영광으로 생각해야 합니다."
"나는 지금 당신보다 훨씬 더 젊었을 때부터 이 정도 일은 가

뿐히 맡아서 했죠."

　이런 식의 말을 덧붙여 맡기고 싶은 일의 내용을 설명하는 것
은 바람직하지 않다.

　자신의 권위나 유능함을 굳이 말로 표현하는 리더가 있는
데, 제 살 깎아 먹기가 될 뿐 어느 하나 도움 될 것이 없다. 그러
니 불필요한 말을 덧붙이지 않았는지 주의하자. 또한 이 일을
맡는 것이 얼마나 '영광스러운가'라며 본인의 가치관을 강요
하지는 않았는지 생각해 보자. 가치관도, 미래의 방향성도, 특
기도, 취약한 점도 개개인이 다르다는 것을 의식한 다음에 말
을 선택하자.

일을 맡기는 상황

　본인이 지금까지 해온 경험(지금까지 일을 맡아온 방식)이 지
금 자신의 팀원에게도 똑같이 통용되는 것은 아니라는 전제를
세워야 한다. 한 리더의 이야기를 해보겠다.

　리더 A 씨는 지금까지 상사가 자신에게 일을 맡겼을 때 대개
충분한 설명 없이 다음과 같은 한마디가 다였다고 한다.

"앞으로 잘 부탁해!"

처음에는 아무 설명도 없어서 힘들었지만, 그렇게 여러 번 일을 맡은 경험이 쌓이며 지금의 본인으로 성장하였기에 당시의 상사에게 지금은 감사하고 있다. 그러나 문제는 그다음부터다. 결과적으로 그 사람은 자신이 그렇게 일을 맡기는 방식으로 성장했다는 신념이 생겨났기 때문이다.

"일을 맡길 때 배경 같은 걸 자세히 설명할 필요는 없어. 스스로 생각하고, 고민하면서 고생해 보는 게 일을 맡아서 하는 진정한 묘미인 거야. 팀원을 위해서도 그게 나아."

지금까지 겪어온 경험을 통해 자신이 성장했다고 실감한 만큼, 그 방식을 믿고 팀원에게도 같은 방식으로 일하기를 원한다. 결국 얼마 지나지 않아 이 방식 때문에 몇몇 팀원이 일을 포기하는 지경에 이르렀다. 하지만 문제는 그때부터 시작이었다. 자신이 겪은 경험이 전부라서 다른 방식은 생각해 낼 수 없었기 때문이다. 심지어 '나는 자세한 설명 없이도 일을 맡아왔고, 고생을 했지만 어떻게든 해냈어.'라는 생각이 무의식중에 '팀원들도 나처럼 고생을 해봐야 돼. 그것도 못 버티는 부하 직원은 무능한 거야.'라는 불합리하고 강압적인 태도로 바뀌어 간 것이다.

자신의 믿음, 사고방식, 업무 방식을 바꾸는 것은 쉬운 일이 아니다. 사람에 따라서는 심리적인 거부감이 있거나 어렵다고 느끼거나 자신의 방식이 더 낫지 않을까 하는 의심이 꼬리를 물기 쉽다.

앞의 사례로 보듯이, '사람마다 일 맡기는 방법을 바꿔주는 게 낫다' '일을 맡기는 방법에도 여러 가지 길이 있다'라고 다르게 생각하기 힘든 리더들도 있다. 즉, 자신이 성공한 방식이 확실하다고 믿는 확증 편향이 있으면 어려움이 더 커진다는 말이다. 다만 다양한 일을 맡기는 기술이나 방법을 생각해 보고 실행하면 성과가 달라진다는 점을 꼭 잊지 않기를 바란다.

개개인은 모두 다 다르다는 사실을 대전제로 세워보자. 개개인은 다르다는 사실을 대전제로 세우면 한 사람 한 사람을 잘 알아보고, 잘 살펴보려고 하며, 상대의 사고방식과 감성을 소중히 하려고 노력하게 된다. 이런 마음가짐이 각기 다른 상대에게서 신뢰를 얻게 해준다.

리더와 감성이 통하는 팀원이 있다면 행운이라고 여기고, 팀

원 개개인을 새로운 마음으로 대하다 보면 보이는 세상이 조금
달라질 것이다.

 개개인은 다르다는 사실에서부터 시작한다.

리더의 일, 팀원의 일

05

일을 맡긴다는 것은 무엇을 어떻게 해야 한다는 뜻일까? 일을 맡기는 것은 단순한 업무 의뢰가 아니다. 일을 분담하는 것도 아니고, 리더의 손발이 되어 움직이게 하는 것도 아니다.

일을 맡기는 것은 팀원과 리더가 책임의 일부를 서로 나누는 것이다. 말하자면 일을 맡긴 팀원과 리더는 협력하는 관계다. 맡기기 전에는 다소 불안하더라도 맡긴 후에는 함께 하는 동료로서 서로의 책임을 다하기 위해 손을 잡아야 한다.

이 일을 해달라고 말하는 것과 이 일을 맡기고 싶다고 말하는 것은 일을 맡는 사람의 책임 의식에 있어서 하늘과 땅 차이다.

그러면 리더와 팀원은 어떤 책임을 어떻게 나눌 수 있을까? 리더에게는 결과에 대한 책임이 있고, 팀원에게는 과정에 대한 책임이 있다. 어떤 결과가 나오든 그 책임은 리더에게 있지만, 중간에 무슨 일이 있어도 끝까지 해내야 할 책임은 팀원에게 있다.

구체적으로 한 팀원이 맡은 일을 중간에 무책임하게 중단했다고 하자. 이는 팀원이 맡아야 할 책임을 포기한 것이다. 반면에 팀원이 해놓은 결과물이 안 좋은 평판을 받거나 매출이 부족하다는 결과가 나왔다고 하자.

"그 팀원에게 맡기지 말았어야 했어."
"일을 맡은 부하 직원이 제대로 못해서……."

이런 식으로 리더가 안 좋은 결과의 책임을 팀원에게 떠넘긴다면 결과에 대한 책임을 포기했다고 할 수 있다. 여러분의 조직은 어떤가? 다음은 리더와 팀원 사이의 신뢰를 바탕으로 한 책임이 분리된 바람직한 조직의 모습이다.

▸ 리더가 팀원들에게 결과에 대한 책임을 묻지 않는다.

▶ 리더가 팀원의 능력을 부정하거나 팀원에 대해 불평하지 않는다.

▶ 조직 내에 실패를 두려워하지 말고 도전하자는 분위기가 조성되어 있다.

▶ 리더가 항상 "결과에 대한 책임은 내가 진다."라고 말한다.

▶ 팀원이 수행에 대한 책임을 다할 수 있도록 리더가 적절히 보조한다.

리더와 팀원이 자신의 책임을 의식하지 못하면 서로 나누며 일을 맡긴다고 할 수 없다. 그런 의미에서 서로 각오가 필요할 수 있다. 신뢰 관계가 없으면 팀원들은 일을 맡고 싶지 않고, 리더는 맡길 수 없다고 생각하게 된다. 일을 맡길 때 필요한 것은 리더의 진심 어린 한마디다.

"어떤 결과가 나와도 좋으니 끝까지 해내길 바란다."

일을 맡긴 후에는 팀원이 자신의 역량을 최대한 발휘할 수 있도록 도와주고, 일을 잘 처리할 수 있는 적합한 환경을 만든다. 주변의 불필요한 잡음이나 갈등 요소를 제거하고, 팀원이 부족한 부분을 보완할 수 있도록 조언해 주는 것이 필요하다. 또한, 팀원의 생각이나 아이디어를 방해하는 불필요한 커뮤니케이션은 최대한 줄여야 한다.

리더와 팀원은 저마다 맡은 책임이 있고, 서로 책임을 다해야 한다. 무엇보다 팀원들이 책임을 다할 수 있도록 리더가 보조해 주면 일을 맡고 싶어질 만큼 신뢰가 생길 것이다.

 팀원이 맡은 일을 해낼 수 있도록 돕는다.

2장

**일을 맡길 인재가
없는 게 아니라
일을 맡기는 방법을
모르는 것**

비언어 메시지의
중요성

06

 업무를 지시할 때 어떤 점에 주의하고 있는가? 맡기고 싶은 마음이나 구체적인 내용을 어떤 말로 전달하느냐도 중요하지만, 일을 맡길 때 리더의 비언어 메시지도 매우 중요한 의미가 있다. 표정이나 태도 같은 비언어 메시지는 우리가 상상하는 것보다 훨씬 더 큰 영향을 팀원들에게 줄 수 있다.

 구체적인 상황을 예로 들어보겠다. 리더가 팀원을 자리로 불러 업무를 지시하는 장면을 상상해 보자. 다음 두 장면, A와 B에 업무 지시 과정에 어떤 차이가 있는지 생각해 보자. 나는 어떤 리더였는지, 어떤 리더가 되고 싶은지 그려보는 것도 좋다.

▶ A 팀원은 선 채로 이야기를 듣고 있다.

리더는 팔짱을 끼고 등받이에 기대어 이야기하고 있다.

▶ B 팀원을 가까이에 있는 의자에 앉게 한 뒤 이야기를 듣고 있다.

리더는 팀원과 같은 시선에서 이야기하고 있다.

별것 아니라고 느낄 수도 있겠지만, 아주 사소한 부분에 신경을 쓰고, 배려하면 같은 일을 부탁해도 팀원이 받아들이는 느낌과 방식이 달라지지 않을까?

마음가짐은 리더의 표정, 몸의 방향, 자세, 목소리 톤 등 다양한 상황에서 드러난다. 그리고 팀원을 보지 않고 다른 일을 하면서 대화하지 않는지도 주의할 필요가 있다.

일을 꼭 맡기고 싶은 팀원이 있거나 팀원이 제대로 일을 맡아 보길 바란다면 말뿐 아니라 비언어 메시지에도 신경을 써보자.

Point 6 **말뿐 아니라 표정이나 태도 등 비언어 메시지에도 신경 쓴다.**

'전달했다'와 '전달됐다'의 차이

07

메시지를 팀원에게 제대로 전달했다고 생각해도 그렇지 않은 경우가 있다.

맡기고 싶은 일의 배경이나 취지를 시간 들여 자세히 설명하려고 했는데, 잘 전달되지 않는 느낌을 받은 적은 있는가? '전달했다'와 '전달되었다'는 비슷하지만 다르다. 이러한 차이는 어디에서 오는지 말해보겠다. 우선 이것은 지시가 전달되었는지 다시 물어본다고 되는 문제가 아니다. 왜냐하면 팀원에게 이해했냐고 확인하면 분명 대부분의 팀원은 이해했다고 대답하기 때문이다.

상사: 이해했어요? 알겠지요?

팀원: 이해했습니다. 알겠습니다.

이 대답은 두 가지 경우로 생각해 볼 수 있다. 하나는 자신 뜻이 제대로 상대에게 전달된 경우다. 다른 하나는 상대가 자기 나름대로 해석한 상태에서 알겠다고 대답하는 경우다. 이런 경우 지시가 어긋나서 전달되었다는 것을 리더도 팀원도 나중에 깨닫는다. 나 또한 신입 시절, 상사의 업무 지시를 이해했다고 착각하는 바람에 큰 낭패를 본 적이 있다.

상사: 이번에 고객을 상대로 하는 프레젠테이션 준비를 맡아주었으면 좋겠어요.

나: 네! 알겠습니다.

그렇게 프레젠테이션 3일 전이 되었다.

상사: 준비는 잘되어 가나요? 어디까지 진행되었죠?

나: 이미 다 했습니다!

상사: 확인하고 싶군요. 보여주세요.

나: ?

사실 이때 상사에게 구체적인 설명을 듣기 전까지 무슨 일인
지 전혀 알지 못했다. 당시 상사가 내게 맡긴 일은 프레젠테이
션 자료 작성이었는데, 나는 '준비 = 회의실과 프로젝터 준비'
라고 믿고 프로젝터를 준비했었다.

지금은 웃으면서 이야기하지만, 그야말로 전달하려던 의도
가 제대로 전달되지 않은 사례였다. 무엇을 이해하지 못했는지
도 모르고, 해석이 어긋날 수 있다는 배움을 얻은 사건이었다.
많든 적든 여러분도 이런 경험을 해봤을 것이다.

  ▸ 서로의 전제나 해석은 다를 수 있다.
  ▸ 무엇을 알고 있고, 무엇을 알고 있지 않은지 모르는 경우도
    있다.
  ▸ 전달하고 싶었던 내용을 상대가 오해 없이 그대로 해석하
    고 있다고 단정할 수 없다.

그러면 어떻게 해야 이러한 어긋남을 최대한 줄일 수 있을
까? 역시 서로의 이해를 말로 표현해야 한다. 예를 들면 이런 느

낌이다.

"인식에 차이가 없는지 초기 단계에서 확인해 두고 싶으니 간단하게 본인이 맡은 일을 설명해 주길 바란다."

이렇게 전해보는 것도 좋다. 물론 리더가 설명한 모든 것을 팀원이 똑같이 말할 필요는 없다.

- ▶ 취지
- ▶ 요점
- ▶ 맡은 일을 어떤 과정으로 할 것인지

이 세 가지를 파악하고, 간단히 말해달라고 하는 것도 좋다. 그리고 무엇보다 전달하려고 한 것이 팀원들에게 전달되지 않았음이 확인될 때 팀원들의 이해력을 탓하지 않아야 한다.

- ▶ '말하지 않아도 알 것이라는 믿음이 나에게 있었다.'라고 생각하는가?
- ▶ '경위나 배경을 좀 더 설명해야 했다.'라고 생각하는가?

- ▶ '목표의 이미지를 좀 더 조정해야 했다.'라고 돌아볼 수 있는가?
- ▶ '맡긴 의도를 전달해야 했다.'라고 생각하는가?
- ▶ '어떻게 해석했는지 확인해야 했다.'라고 생각하는가?

여기에서 리더의 자세를 확인할 수 있다. 자신의 전달 방법, 지시를 내리는 방법, 맡기는 방법을 되짚어 보자. 이를 반복하면 팀원에게 지시를 내리는 방법을 갈고닦을 수 있다.

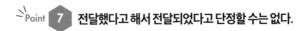

Point 7 전달했다고 해서 전달되었다고 단정할 수는 없다.

어디까지 관여할지가 관건이다

08

맡긴 일을 처리한 팀원의 결과물을 보고, 재작업하라고 수정을 지시한 적이 있는가?

재작업을 하는 원인 중 하나는 좀 전에 설명한 인식의 어긋남이다. 그리고 또 하나는 지시의 구체성 부족이다. 물론 재작업을 없애기 위해 구체적인 지시에 신경 쓰라고 말하고 싶은 것은 아니다. 이것저것 지시를 너무 많이 하면 팀원이 생각하는 힘이나 의욕을 빼앗아 시간이 아무리 흘러도 성장이 보이지 않는다는 고민까지 따라오기 때문이다.

팀원들의 성장을 바라는 리더는 다음과 같은 포인트로 갈등

한다.

▶ 어디까지 끼어들 것인가?
▶ 어디까지 구체적으로 지시할 것인가?

　수정하는 범위에 따라서는 기한을 맞추지 못할 수 있다. 수정하는 지시 내용에 따라서는 '구체적인 생각이나, 목표의 이미지가 있다면, 처음부터 제대로 지시해 주면 좋을 텐데!'라고 팀원들이 불만을 품을 수도 있다.
　프로젝트의 원활한 수행을 우선할 것인가? 팀원의 성장을 우선할 것인가? 리더에게 고민스러운 이 주제를 어떻게 마주해야 할까? 바로 명확히 선을 그어주면 된다.
　프로젝트의 중요도, 긴급도(기한), 맞춰야 하는 품질, 팀원의 능력을 감안한 후 어디까지 구체적으로 지시할지, 어디부터 스스로 생각하고 자유롭게 하도록 할지 선을 명확히 그은 다음 팀원들에게 전달해 보자.
　예를 들어, 다음과 같이 자신의 생각을 솔직하게 전달하는 것도 중요하다.

"예산의 범위 내에서 어떤 이벤트를 할 수 있는지, 먼저 패턴을 세 가지 정도를 생각해 보세요. 일주일 뒤에 구상안을 알려 주면 거기에서 어떤 방향으로 갈지 방향을 정해 봅시다. 우선은 자유롭게 백지 상태에서 출발해도 좋습니다."

이처럼 "여기까지는 자유롭게 생각한다. 다만 앞으로의 큰 방침은 지시하겠다. 그다음에는 자유롭게 해도 된다."라는 식으로 팀원들이 불안해하거나 헤매는 일이 없도록 단계별로 미리 지시해 두자.

▶ 어느 선까지 무엇을 맡길 것인가?
▶ 맡기는 일에서 어디까지 구체적으로 지시를 내릴 것인가?

지휘를 완벽하게 하는 것은 어려울 수도 있지만, 시도해 볼 가치가 있다.

Point 8 **"여기까지는 지시대로, 여기부터는 자유롭게 해도 된다."라는 식으로 명확하게 선을 그어준다.**

시간은 고무줄이 아니다

09

"무리하지 않는 선에서 일단 해보겠어?"
"할 수 있는 데까지 부탁할 수 있을까?"

이렇게 맡기는 일의 기한을 모호하게 전달하지 않는가? 일을 맡길 때는 기본적으로 기한과 목표를 명확하게 전달해야 한다. 하지만 많은 사람이 그 일의 중요성을 충분히 알고 있는데, 왜 기한을 모호하게 전달할까? 리더가 기한을 모호하게 정하는 이유야 여럿 있겠지만, 나는 다음과 같은 이유 때문이라고 생각한다.

▶ 팀원들이 바빠 보여서 일을 맡기기가 꺼려지는 경우다.

▶ 처음부터 일을 가져올 것을 전제로 하는 것이다. 일을 맡겨 보았다가 중간에 일이 잘 안 되면 자신이 하면 된다고 생각하는 경우다.

또 위 두 가지가 조합된 패턴도 종종 볼 수 있다. 아이러니하게도 이러한 리더는 주위 평판이 나쁘지 않다.

"팀원들을 챙겨주는 착한 리더다."
"리더 스스로 수고해 주다니 훌륭해."

그러나 기한이 모호한 상태로 일을 맡기면 다음과 같은 함정에 빠질 수 있다. 결과물이 어중간한 상태에서 리더가 일을 인수해가는 경우가 생기는 것이다. 맡은 일을 도중에 빼앗기면 팀원은 불만족스러운 상태가 된다.

"항상 도중에 일이 넘어가네."
"결국은 상사가 마무리하겠지."
"마지막에 어차피 상사가 원하는 대로 수정될 텐데, 뭐!"

이런 일이 반복되면 팀원에게는 일을 끝까지 마무리하려는 의지가 없어지고, 기한에 맞춰 일정한 품질로 완성하는 기술도 발전하지 않는다. 구성원들이 표면적으로는 그러한 리더를 좋아할 수도 있다.

"우리 리더는 항상 잘 챙겨줘."
"끝까지 보조를 잘해줘."

이러한 감사를 받고 싶은가? 실제로 팀원의 성장 기회를 빼앗아 리더에게 의존하는 조직을 만드는 셈이다. 맡은 일을 완수해 내는 것은 팀원들에게 기쁨이 되고, 자신감이 상승한다는 이점이 있다. 따라서 기한을 명확히 전달해 일을 맡기는 방법에 익숙해지자. 예를 들어 바빠 보이는 팀원에게는 다음과 같이 솔직하게 이야기해 보자.

"바쁜 와중에 미안하지만 맡기고 싶은 안건이 있어요. 시간이 어떨 것 같아요?"
"맡은 일이 있어서 요즘 바쁘다는 건 알지만, 그래도 이 안건을 꼭 맡기고 싶어요. 지금 하는 업무 내용과 기한을 함께 정리했으면 좋겠는데, 가능하겠어요?"

이렇게 말을 걸어보면 서로 우선순위를 정리할 수 있을 뿐 아니라 '이 일은 지금 누가 하면 좋을까.'라는 것도 밝혀질 수 있다. 팀원의 의사를 확인하면서 팀 전체의 할 일을 정리해 나가는 것은 리더의 중요한 업무다.

 Point 9 **언제까지, 어디까지 완성할 것인지 명확하게 전달한다.**

일을 하다 보면 예상치 못한 사태가 발생하거나 급한 안건이
나 클레임에 급하게 대응해야 할 때가 있다. 그럴 때일수록 의
식해야 할 것이 있다. 바로 대응을 맡는 팀원에게 간략하게라도
좋으니 긴급 대응의 필요성과 배경, 경위를 전달하는 것이다.
많은 리더가 대응하는 데에 급급한 나머지 지시만 연달아서 하
는 경향이 있다.

"나중에 설명할 테니까 일단 서둘러 주세요!"
"지금은 급하니 아무것도 묻지 말고 지시에 따라주세요!"

이렇게 말하면 '긴급 상황이니까 어쩔 수 없지.'라고 시키는 대로 말없이 움직이는 팀원도 많다. 다만 팀원의 상황에 따라서는 반발심이나 불만이 솟아오를 수도 있다.

'이쪽 일도 마감이 임박했는데…….'
'아무리 급해도 말을 왜 저렇게 하지?'
'배경 정도는 설명해야지 뭐하는 짓이야…….'

팀원이 왜 불만을 품는지 심리를 깨닫지 못하면 전해질 내용도 전해지지 않게 된다. 그러니 서둘러 달라고 재촉하고 싶은 마음은 꾹 누르고, 긴급하게 대응해야 할 경위를 간략하게라도 좋으니 전달해 보자.

사람은 이유를 알면 마음이 가서 움직이고 싶어진다. 처음에는 귀찮을 것 같지만, 이유에 대한 설명과 부탁을 한 묶음으로 생각하자. 예를 들면 이런 식이다.

"이러한 사정이 있어서 빨리 자네 힘을 빌려줬으면 좋겠어요."

이렇게 그 일의 중요성을 설명하면 팀원들은 '그런 상황이라면 내가 필요하겠지'라며 안건을 자기 일처럼 생각한다.

다만 팀원에게는 다른 하는 일이 있다는 사실을 항상 잊어서
는 안 된다.

"지금 어떤 일을 하고 있어요?"
"지금 부탁하는 일을 먼저 처리해 주세요. 하고 있던 일은 뒤
로 미루어도 좋습니다."
"그 일의 기한은 뒤로 미루겠으니, 이 일 먼저 처리해 주세요."

일을 맡길 때에는 일을 조정해 주는 것도 잊어서는 안 된다.
급할 때일수록 조급해하지 말고, 팀원들의 마음을 헤아리자.

_\'Point **10** 급하다는 말로 끝내지 말고, 그 일의 필요성을 제대로
전달한다.

어설픈 동기부여는
역효과만 낸다

11

"팀원의 동기부여는 어떻게 하는 게 정답일까요?"

리더들이 자주 하는 질문 중 하나다. 동기란 애초에 팀원 자신이 하고 싶어서, 하고자 하는 의사가 생기는 것이지, 주변 사람이 이러쿵저러쿵 할 수 있는 것이 아니다.

리더가 할 수 있는 일이 있다면, 그것은 구성원의 의욕을 자극하는 기회를 제공해서 동기부여를 지원하는 것이다. 구성원 개개인의 의욕을 이끌어내는 것은 실로 어려운 일이다.

1 + 1 = 2와 같은 정답도 없다. 또한 무언가를 했을 때 확실

히 팀원의 의욕이 솟는다는 특효약도 없다. 팀원의 동기부여에 불을 붙이려고 하는 것은 매우 훌륭한 생각이지만, 의욕의 스위치는 사람마다 다르며, 같은 상대라도 때에 따라 다르기 마련이다. 그런데 리더인 여러분은 구성원 한 사람 한 사람을 적절한 때마다 마주 대하고 있는가?

동기부여를 지원하는 방법으로 '인정한다, 위기감을 부채질한다, 비전을 설정한다'라는 세 가지 항목을 소개하겠다. 효과적으로 작용할 수도 있지만, 역효과가 나는 경우도 있으므로 주의해야 한다.

① 인정한다

팀원의 존재 가치를 인정한 뒤에 제대로 전달하는 것은 하나의 동기부여로 이어질 가능성이 있다. 인정한다는 것은 팀원을 필요로 한다는 메시지이기도 하기 때문이다.

"경력을 보니 이 일이 적합할 거라는 생각을 했어요. 이 일을 맡겨 보고 싶습니다."

일을 맡기고 싶은 구체적인 이유를 말해보자. 다만 인정하는 것과 치켜세우는 것은 다르다. 치켜세우는 것은 상대가 자신의 상황에 맞게 움직이도록 상대를 기분 좋게 만들려는 의도가 들어가 있다. 혹시 팀원을 치켜세워 기분 좋게 만든 다음, 맡기고 싶은 일에 관해 이야기하지 않는지 생각해 보자.

② 위기감을 부추긴다

혹시 다음처럼 위기감만 부추기고 있는 것은 아닌지 한번쯤 돌이켜 보자.

"이대로는 우리 팀이 힘들어요."
"후배는 순식간에 성장하고 있잖아요."
"올해는 승진이 걸려 있는데 괜찮겠어요?"

위기감을 부추겨서 스위치가 켜지는 사람도 있지만, '나는 안 돼.'라고 자기 부정하는 사람도 있기 때문에 주의가 필요하다.

"이 일을 달성해 내면 맡을 수 있는 프로젝트의 범위가 넓어져서 입지를 다지는 데도 좋을 것 같습니다."
이처럼 구체적으로 성과를 냈을 때의 긍정적인 이미지를 전달하는 것도 중요한 동기부여 방법 중 하나다.

③ 비전을 설정하다

실현하고 싶은 비전을 공유해서 동기가 부여되는 팀원도 있다. 다만 실현할 비전이 현실과 동떨어져 있으면 반응을 느끼지 못하고 방향성을 잃는 팀원도 있을 수 있다. 작은 목표를 함께 설정해서 목표를 하나씩 달성하며 나아가는 것도 동기를 부여하는 중요한 방법이다.

마지막으로, 사람은 각자 의욕의 스위치가 켜지는 때가 다르다. 팀원에게 일을 맡길 때 동기 부여하는 방식이 한 가지 패턴은 아닌지 꼭 자가 점검을 해보자.

팀원 한 사람 한 사람에게 관심을 보이고, 성장을 바라며, 적절한 시기를 찾도록 노력하자.

Point **11** 동기부여는 사람마다 때가 다르다.

팀원의 사정은 백 가지

12

팀원을 고려해서 말을 하고, 말투에 신경 쓰더라도 팀원의 상황을 파악하지 않고 일을 맡겼다면 좋은 리더라고 할 수 없다.

'내가 맡긴 일은 당연히 기억하고 있지. 팀원들의 상황을 파악하고 있는 건 물론이고.'

이렇게 생각할 수도 있지만, 정말로 팀원들이 맡은 작업을 전부 파악하고 있을까? 그 팀원에게 일을 의뢰한 사람이 본인뿐이라고 단정할 수 없다. 팀원들끼리 서로 일을 돕고 있을지도 모른다. 리더를 통하지 않고, 더 지위가 높은 임원이 직접 급한 안건을 맡기는 경우도 있다.

"지금 동시에 진행하는 일이 얼마나 있나요?"
"제때 일을 끝낼 수 있을 것 같은가요?"
"다른 사람한테 갑자기 부탁받은 일은 없나요?"
"예상치 못한 다른 일이 있었나요?"

이처럼 팀원이 하는 일에 신경을 쓰면 언젠가 팀원 스스로 필요할 때 필요한 보고를 올리게 된다. 전체를 파악한 뒤 무엇을 누구에게 맡길 것인지 종합적으로 판단하는 것이 중요하다.

안건에 따라서는 조금 부담이 증가하지만 팀원이 도전하길 바라는 경우도 있을 것이다. 그때는 그 사실을 제대로 표현해 보자. 사소한 일에 신경 쓰고, 솔직하게 말로 전하는 것이 팀원들의 사기를 끌어올린다.

Point 12 **팀원의 상황을 파악한 후에 판단한다.**

나를 알아야
팀원이 보인다

13

맡기고 싶은 프로젝트가 있을 때, 어떤 사고 과정을 거쳐 팀원을 정하는가? 예를 들어 다음과 같은 관점이나 요소를 조합해 생각하는 사람도 있을 것이다.

- ▶ '프로젝트의 난이도×팀원의 기술×기한'으로 일단 생각한다.
- ▶ 맡기고 싶은 팀원의 일정이 비어 있는지 확인한다.
- ▶ 팀원에게 의미가 있는 프로젝트가 될지 생각한다.
- ▶ 결과적으로 팀원이 성장할 수 있을지 생각한다.

확실하게 결과물의 품질을 위해 검증된 팀원에게 맡길 때도 있고, 팀원의 개인적인 성장을 위해 도전적인 과제를 부여하는 판단을 내릴 수도 있다. 안건에 따라, 또한 때에 따라 달라질 것이다. 이때 반드시 자신이 어떻게 지휘하는지 자신의 지휘 경향을 돌이켜 보기를 바란다. 어쩌면 무의식중에 편향된 판단을 하고 있을 수 있다.

예를 들어 프로젝트를 누구에게 맡길지 생각할 때, 팀원이 할 수 있는 부분에 초점을 맞추는 경우가 많은가? 아니면 팀원이 할 수 없는 부분에만 특히 더 신경을 쓰는 편인가? 먼저 리더인 내가 어디에 집중해서 일을 맡기는지 파악하게 되면, 내가 맡기는 일이 팀원에게 어떠한 영향을 미치게 되는지 쉽게 알아차릴 수 있다.

만약 팀원이 할 수 없는 부분에만 신경을 쓰는 경향이라면 의식적으로 할 수 있는 부분에 초점을 맞추도록 한다. 부정적인 면만 눈에 띄면 사소한 부분도 지적하고 싶어져 팀원은 맡은 프로젝트에 마음 편히 몰입할 수 없다.

'아직 여기가 부족해서 맡길 수 없어.'
'완벽하지 않아서 맡길 수 없어.'

할 수 없는 부분에만 눈이 가면 맡기는 프로젝트의 폭이 확장되지 않는다. 그것은 리더 자신의 폭을 좁히는 것이기도 하다. 또한 부정적인 면에만 눈이 가는 리더의 밑에 있는 팀원은 이렇게 생각할 수 있다.

'뭘 해도 지적만 해.'
'뭘 해도 못한 부분을 이야기해.'

이래서는 설령 맡은 프로젝트를 무사히 결승선으로 이끌었다고 해도 성취감을 마음껏 맛볼 수 있는지 물음표가 남는다. 팀원이 하려고 해도 할 수 없는 부분에 대해 계속 지적하면 팀원은 하는 일에서 재미를 찾지 못한다.

리더는 팀원들이 할 수 있는 부분에 눈을 돌려야 한다. 팀원이 할 수 있는 일에서 시작해서 조금 더 난이도 있는 일에 도전할 수 있도록 지원하고 격려해 보자. 그러면 팀원은 어느새 성장해 있을 것이다.

"해서 안 되는 일은 없어요. 조금만 발돋움하면 분명히 원하는 목표까지 도달할 수 있을 겁니다!"

이런 작은 단계가 될 만한 일을 찾아서 팀원에게 전달해 보자. 분명히 팀원이 할 수 있는 일의 영역이 넓어질 것이다.

⸝Point **13** **팀원이 할 수 있는 부분에 초점을 맞춰야 한다.**

일을 맡기면서
생색만 내는가

14

리더는 일을 맡겼다고 생각해도 팀원은 그렇게 생각하지 않는 경우가 있다. 팀원의 입장에서는 '일을 맡았다는 느낌을 받지 못 했다'는 경우를 자주 볼 수 있다. 권한을 넘겨주겠다고 해놓고도 다음과 같은 행동을 하는 리더가 있기 때문이다.

▶ 큰 틀의 예산을 주지 않는다. 예를 들어 팀원이 예산을 집행하기 전에 사사건건 자신에게 승인받을 것을 요구한다.
▶ 무엇을 하든 일일이 보고를 요구한다.
▶ 중간에 참견한다.

▶ 기본적으로 전례를 답습하면서 새롭게 도전을 하면 면박을 주거나 싫어한다.

예시이지만, 이런 행동을 하고 있다면 리더가 권한을 넘겨주었다고 도저히 말할 수 없다. 팀원이 일을 맡아서 하고 있다는 느낌을 갖는 것과 갖지 못 하는 것은 일의 재미, 성취감, 보람에서 크게 달라진다.

참고로 리더가 넘겨서는 안 되는 권한이 있다. 바로 결과에 대한 책임이다. 결과에 대한 책임을 지고, 팀원을 보호하는 것. 비록 좋은 결과가 따르지 않더라도 책임을 팀원에게 떠넘기지 않는 것은 리더만이 할 수 있는 일이다.

 Point 14 정말로 권한을 넘겨줄 마음으로 행동하고 있는지 돌이켜 보자.

일을 맡기는 이유를
설명하라

15

한 사진작가에게 들은 이야기를 소개하겠다. 어느 미디어의 일을 맡지 않게 된 일에 얽힌 에피소드다.

"이번 촬영은 부드러운 표정을 포착하는 데에 뛰어난 ○○씨에게 부탁하고 싶은데, 일정이 어떠신가요?"

예전 편집 담당자가 이런 이유를 들어 제안했기 때문에 조건은 조금 나빠도 보람을 느꼈다고 한다. 그런데 담당자가 바뀐 탓인지 "이런 프로젝트에 대응할 수 있는 분 안 계시나요?"라고 의도를 돌려 의뢰하는 방식으로 바뀌자 그 사진작가는 마음이 떠났다고 한다. 다음 두 메시지 사이에는 큰 차이가 있다.

▶ 당신에게 맡기고 싶다(이런 이유로, 당신에게 맡기고 싶다).
▶ 누구 없어요(맡기고 싶은 일이 있는데 누구 없어요)?

일에 대한 생각은 말이나 의뢰 방법에서 드러난다. 중요한 점은 상대에게 부탁하는 이유를 확실히 생각해 두는 것이다. 나에게 이 에피소드는 다양한 것을 되돌아보는 것과 동시에, 일을 대하는 방법에 대해 다시 생각해 보게 된 좋은 기회였다. 배려가 느껴지는 의뢰인지 아닌지에 따라 일을 하는 보람이 달라진다.

나를 특정해서 의뢰하는지에 따라 일을 맡는 보람이 달라진다는 것이다. 마찬가지로 일을 맡기는 방법에 따라 팀원의 동기 부여에 미치는 영향이 달라진다.

Point **15** **"당신에게 부탁하고 싶다."라고 전한다.**

과거는 과거일 뿐

16

한번 상상해 보자. 여러분이 새로운 부서(팀)에 관리직(리더)으로 부임하게 되었다. 그럼 질문을 해보겠다. 부임하면서 어떤 팀원이 있을지 궁금해졌다. 그러면 어떤 수단으로 팀원에 대해 알아볼지 생각해 보자.

▶ 전 리더(전임자)에게 이야기를 듣는다.
▶ 인수인계서를 확인한다.
▶ 과거의 인사 이력이나 실적 데이터를 확인한다.
▶ 모든 사람과 일대일 면담을 한다.

▶ 모든 사람과 면담하면서 다른 팀원에 대해 이야기해 달라고 한다.

▶ 아무것도 하지 않는다. 또는 몰라도 상관없다.

사람마다 방법은 다양하지만, 여러분은 어떤가? 이동한 부서의 업무 내용이나 지금까지의 관계 여부에 따라서 다르다는 사람도 있을 것이다. 때와 경우에 따라 다르다고 말하는 사람도 있을 수 있다. 그러면 여기에서 무엇을 알아야 할까? '과거의 평가나 평판을 그대로 받아들이지 않는다.'는 것이다.

사람에 대한 평가나 평판은 무의식적 편견(사물을 편향되게 본다는 점도 의식하지 못하는)의 영향을 받고 있을 가능성이 크다.

"B 씨는 정말 우수합니다. 훌륭한 팀원입니다."라는 긍정적인 의견도 "F 군은 이런 일이 있었으니 주의해야 합니다."라는 부정적인 의견도 어느 부분이나 상황의 단면일 뿐이다.

▶ 전임자가 팀원을 제대로 평가하지 못할 수도 있다.

▶ 전임자의 지휘 실력이 부족해서 제 능력을 발휘하지 못했을 수도 있다.

▶ 복잡한 요인이 얽혀 일어난 사건일 수 있기에, 진실은 따로 있을지도 모른다.
▶ 전임자와 관계가 좋았거나 안 좋았던 것이 다양한 부분에 영향을 주었을지도 모른다.

전임자의 일 맡기는 능력, 즉 일을 맡기는 방법이나 맡기는 일의 내용, 맡은 일의 범위나 평가 등에 납득하지 못한 팀원이 있었다면 어떨까?

'리더의 인사 이동은 나에게 희망이야.'
'새로운 리더 밑에서 다시 처음부터 시작하자.'

팀원이 이렇게 생각하고 있는데, 리더가 팀원들의 과거만 보고 그 과거에 얽매여 매사를 판단한다면 팀원이 얼마나 실망할까? 타인에게 들은 이야기나 서류에 기재된 데이터는 참고 정도로 받아들이고, 내 눈으로 보고, 직접 대화하고, 직접 느낀 점을 소중히 하자. 리더에게 중요한 원칙을 여러분과 공유하겠다.

"사람은 바뀐다. 사람은 변할 수 있다."

"바뀌려고 노력하는 사람도 있다."

"변하고 싶어 하면서 발버둥만 치는 사람도 있다."

이전에 평가가 좋지 않았더라도 리더의 지휘에 따라 해당 팀원이 거듭날 수 있다. 리더가 일을 맡기는 힘은 팀원의 성장과 미래를 크게 좌우한다.

Point **16** 타인에게 들은 이야기나 서류의 데이터는 참고만 하고 자신의 눈으로 판단한다.

일을 맡길 때
절대 하지 말아야 하는
한 가지

17

"저 직원은 벌써 목표를 달성한 것 같아요."

"마케팅부 이야기 들었어요? 정말 대단하죠. 거기 그 직원은 당신 정도의 나이였을 때는 이미 팀에서 독보적이었다죠?"

이렇게 다른 누군가와 비교해서 팀원에게 자극을 주려고 한 적은 없는가? 비교는 팀원의 의욕을 꺾기만 하는 것이 아니다. 조직에 공헌하고 싶은, 일을 잘하고 싶은 의욕을 사라지게 하고, 좌절감을 안겨준다.

'저 사람만큼 할 수 없어.'

'저 사람처럼 될 수 없어.'

'나는 어차피……'

비교는 구성원에게 자기 부정의 감정을 낳게 한다. 그러면 일에 도전할 의욕을 잃기 때문에 주의해야 한다. 요즘 세상에서 비교하지 말라니, 허울 좋은 말이라고 생각할 수도 있다. 분명히 채용, 평가, 승진 등 인생의 모든 상황에서 비교하는 경우는 많다. 오히려 그렇기에 개개인과 마주하는 일이 더욱 중요하게 여겨지는 것이다.

체면, 상식, 고정관념에 얽매이지 말고, 리더가 팀원 한 사람 한 사람과 마주해 성장을 지원하겠다는 마음으로 팀원 각자를 대하길 바란다.

물론 비교하면 설명하기 쉽다는 면도 있다. 하지만 꼭 비교를 해야겠다면, 다른 누군가와 비교하지 말고, 해당 팀원의 과거를 대상으로 비교를 해보자. 과거 본인의 성취를 마다할 사람은 없으니 말이다.

"3년 전에는 소규모 프레젠테이션이라도 하려고 하면 눈에

띠게 긴장하더니, 지금은 500명 앞에서도 당당하게 말하고 있잖아요. 3년 동안 이렇게 성장했다니 정말 놀랍습니다."

이런 식으로 전달한 다음 맡기는 일의 수준을 올리자. 비록 사소한 일이라도 구체적인 변화를 말로 전달하는 것이 무엇보다 중요하기 때문이다.

리더의 이러한 메시지는 직원에게는 깨닫지 못하는 자기 성장에 눈을 돌리게 해주며, 리더가 자기를 지켜보고 있고, 자기를 알아준다는 느낌을 전달받게 된다. 그것은 구성원에게 특별한 기쁨이 될 것이다.

팀원을 타인과 비교한 장점이 아니라 해당 팀원 개개인의 좋은 점이나 강점에 눈을 돌려보자. 또한 일대일 면담 자리에서 다음과 같은 질문을 던져보는 것도 좋다.

"작년 본인의 모습과 비교해 보세요. 내가 볼 때는 많이 달라진 거 같은데요. 본인이 판단하기에 일에 어느 부분이 성장했다고 생각합니까?"

"작년에 한 노력(실적)과 비교해서 올해는 어떻습니까?"

"몇 개월 전의 경험이 지금의 일에 도움이 되고 있나요?"

그러면 구성원 본인도 타인과의 비교 속에서 살지 않고, 과거의 자신보다 한 걸음, 두 걸음이라도 성장하고자 하는 의욕이 생긴다.

Point **17** **비교를 지양하고 저마다 구성원의 장점을 찾는다.**

뭉치면 길이 보인다

18

누구에게 프로젝트를 맡겨야 할지 고민해 본 적은 있는가?
일을 맡길 때는 여러 상황 때문에 고민이 되기 마련이다.

"A는 협상력은 있지만 지식이 부족하다."
"B는 어학에 능통하지만 커뮤니케이션이 불안정하다."
"C는 이 분야에 정통하지만 협상 때마다 약한 모습을 보인다."

이렇게 프로젝트를 맡길 상대를 정할 때 누가 적당할지 고민
하다가 결국에는 '아무에게도 못 맡기겠어.'라고 생각하거나

매번 같은 팀원에게 맡기기 십상이다. 사실 많은 리더에게 이런 고민 상담을 자주 받는다.

"일을 믿고 맡길 만한 팀원이 없어요. 어떻게 해야 좋을까요?"

이렇게 한탄하는 리더에게 나는 다음과 같은 메시지를 전한다.

"누구에게 맡길지 생각하기보다 어떻게 팀을 짤 것인지 시각을 바꿔 보면 어떻습니까?"

예를 들어 앞의 예라면 프로젝트의 내용에 따라 A와 C가 팀을 이루거나 B와 C가 함께 하면 여러 가지 가능성이 생긴다. 역할 분담을 정할 필요는 있지만, 맡길 상대 한 명을 결정해야 한다는 생각을 버리고, 그때그때 편성하는 작은 팀(프로젝트팀)에 업무를 맡기는 방법도 있다.

➤Point **18** **일을 맡기는 상대를 한 명이 아니라 팀으로 생각한다.**

언제나 완벽할 필요는 없다

19

맡기는 일의 수준에 관한 어떤 에피소드를 이야기해 보겠다.

리더: 팀 미팅에서 사용할 자료 좀 만들어주세요.
팀원: 네, 알겠습니다.

다음 날 제출된 자료를 보고, 리더는 어이가 없어서 팀원에게 이렇게 이야기했다.

리더: 이렇게까지 하지 않아도 되는데요. 도대체 시간이 얼마나 걸린 거예요? 설마 야근한 이유가 이 자료 때문인가요? 임원회의 자료도 아니고, 고객용 자료도 아니었는데 말이죠.

이 상황의 원인은 어디에 있을까? 바로 서로 일의 수준을 확인하거나 공유하지 않았기 때문이다. 리더가 기대하는 일의 수준을 전달하지 않은 데에 원인이 있다고 해도 무방하다.

'일일이 말하지 않아도 알아서 하겠지. 사내 자료이고, 하물며 팀 미팅 자료인데 조금만 생각해 보면 어느 수준의 자료를 만들어야 하는지는 알 수 있을 거야.'

이렇게 생각하는 리더도 있을 수 있다. 다만 리더에게 '보통은 이렇게 생각할 것이다'라는 무의식적 편견이 있는 것처럼 팀원에게도 자기 생각이 있다. 야근하면서까지 자료를 만든 데에는 몇 가지 이유가 겹쳐 있다.

▶ 리더에게 인정받고 싶은 마음
▶ 성의 있게 자료를 만들었다고 보이고 싶은 마음

▶ 일을 맡은 이상 스스로 만족할 만큼 자료를 완벽하게 만들고 싶은 마음
▶ 작은 일이라도 온 힘을 다하지 않으면 자신에 대한 평가에 안 좋은 영향을 미칠 것이라는 생각

리더로서 팀원에게 일을 맡길 때는 말하지 않아도 알 것이라고 지레 생각하지 말고, 팀원에게 기대하는 일의 수준을 구체적으로 제대로 표현하자. 또한 원하는 일의 수준을 전달할 때는 다음 몇 가지를 반드시 고려해서 알려주자.

▶ 어느 정도의 시간에 마무리하길 바라는지(야근까지 하면서 처리할 내용인지)
▶ 누구를 위한, 무엇을 위한, 어느 단계에서의 자료인지
▶ 사외용 업무인지 사내용 업무인지
▶ 사내용의 경우에도 열람하는 범위가 누구인지

위와 같은 사항을 제대로 전달하면 엇갈리는 일이 줄어들 것이다. 아래의 구체적인 사례를 살펴보자.

"최종적으로는 고객에게 제출할 것이지만, 지금 단계에서는 부서 내에서 검토하기 위해 사용하려고 합니다. 그러니까 부서에서 협의할 수 있을 정도로 볼 수 있게 해주세요. 시안이 될 만큼 간소해도 되고, 형식을 갖출 필요도 없습니다. 한 시간 정도만 투자해서 만들 수 있는 수준이면 좋겠습니다."

팀원이 시간을 낭비하지 않고, 필요한 일에 필요한 노력을 들이기 위해서라도, 일의 수준을 의식적으로 공유하도록 하자.

 Point 19 원하는 일의 수준을 명확히 전달해 엇갈리는 일을 줄인다.

3장

**일을 맡길 때
성패를
가르는 것**

누구나
무의식적 편견이 있다

20

무의식적 편견이란?

무의식적 편견(Unconscious Bias)이라는 말 들어본 적이 있는가? 신문이나 잡지 등에서 이 말이 언급되는 경우가 많아져서 아는 사람도 있을 것이다. 앞에서 잠깐 언급했듯이 무의식적 고정 관념이라고 해도 되겠다. 이 무의식적 편견은 일을 맡기는 상황에 다양한 영향을 준다. 먼저 간단하게 무의식적 편견이 무엇인지 알아보고, 일을 맡길 때 어떤 영향을 주는지 살펴보겠다. 평상시에 일을 맡기기 전이나 일을 맡기면서 팀원에 대해 다음과 같은 생각을 한 적이 있었는지 떠올려 보자.

▶ 세대, 성별, 나이, 출신, 학력, 혈액형 등으로 상대를 보는 경우가 있다.

▶ '남자라서 그런가?' '여자라서 그런가?'라고 생각할 때가 있다.

▶ 다른 사람들이 모두 커피를 주문하면 자신도 커피를 고른다.

▶ 출신지를 보고 술이 강한 사람인지 아닌지 상상한다.

▶ 경보음을 들으면 순간적으로 '대피 훈련인가?'라는 생각이 머리를 스친다.

▶ 무심코 지금까지 해온 방식이나 전례를 고집한다.

▶ "일반적으로는 ○○이다" "대부분 ○○이다."라는 말을 쓸 때가 있다.

▶ 무엇을 하든 상대와의 상하 관계를 의식한다.

▶ 육아휴직을 길게 신청하는 남자 사원은 승진할 마음이 별로 없다고 생각한다.

▶ '이건 여자가 하는 일' '이건 남자가 하는 일'이라고 생각할 때가 있다.

▶ 개인 생활을 우선하는 사람은 승진에 별로 관심이 없다고 생각한다.

어떤가? 해당되는 항목이 몇 가지 있는가? 먼저 몇 가지 사례를 소개한 데에는 이유가 있다. 이런 항목을 보고 자신이 무의식중에 매사를 편향된 관점이나 믿음을 지니고 보고 있지 않았는지 느끼는 계기가 되기를 바라기 때문이다.

무의식적 편견은 왜 생겨날까?

우리 뇌에는 과거의 경험이나 보고 들은 것을 자기 나름대로 해석하는 기능이 있다. 이를 통해 교훈을 얻거나 비슷한 상황을 만났을 때 빠르게 판단할 수 있다는 이점이 있다.

다만 자기 나름대로 해석하는 특성 때문에 같은 것을 봐도 다른 느낌이 들거나 같은 말을 듣고 있어도 다른 상상을 하기도 한다. 이런 해석의 불일치가 강요와 강압으로 나타나 팀워크나 인간관계를 무너뜨린다.

무의식은 우리의 언행, 감정, 사고방식에 큰 영향을 주지만, 의식하는 것은 빙산의 일각일 뿐이다.

"무의식적 편견은 누구에게나 있기 마련이다."
"무의식적 편견이 있다는 것 자체가 나쁜 것은 아니다."

문제는 무의식적 편견에 의한 강요나 강압적인 언행이 저도 모르는 사이에 주변 사람을 상처입히거나 괴롭히거나 성장 기회를 빼앗는다는 사실이다. 그로 말미암아 직장 분위기, 인간관계, 커리어 형성에 본인도 모르게 영향을 미친다.

무의식적 편견은 다음과 같은 자기방어에서 나온다. '나는 나쁘지 않다' '나는 옳다' '실패하고 싶지 않다'라는 방어 감정이 무의식중에 매사를 자신에게 유리하게 해석하는 데에서 생겨난다.

중요한 것은 무의식적 편견을 알아차리려고 하는 것이다. 강요하지 않는 것, 강압적으로 하지 않는 것. 그리고 한 사람 한 사람을 제대로 바라보고 마주해야 한다. 의식의 아래에 있는 것을 의식해 보려는 것은 큰 의미가 있는 첫걸음이다. 지금까지 보이지 않았던 것이 보이게 되면 조금씩 무의식적 편견에서 벗어나게 될 것이다.

그럼 지금부터 일을 맡기는 상황에서 일어나기 쉬운 무의식적 편견에 대해서 알아보자. 자신의 무의식적 편견을 깨닫게 하는 암호는 '이게 내 무의식적 편견인가?'라는 생각이다.

'나에게도 그런 무의식적 편견이 있을지도 몰라. 저 사람 말을 듣고 보니, 내가 나도 모르게 그런 생각을 했을 수도 있었겠다는 생각이 드는군. 일을 맡길 때 그런 무의식적 편견이 있었을 수도 있으니, 다시 한번 생각해 봐야겠어.'

이런 생각을 하면서 조직을 바라보길 바란다. 더 나아가 팀원에게 일을 맡길 때 한번쯤 자신을 되돌아보며 자문해 보자.

Point **20** 무의식적 편견을 알아차리려는 시도가 중요하다.

일을 맡겨 놓고
불안하다면

21

팀원에게 일을 맡겨야 한다고 머리로는 알고 있는데 막상 맡기려고 하면 불안해서 결국 스스로 처리한 경험은 없는가?

▶ 정말 맡겨도 괜찮을지 불안에 사로잡힌다.

▶ 팀원이 지금까지 해온 경험과 실적을 생각하면 역시 이 일은 어려울 것이다.

▶ 지난번에 실패했으니 이번에도 그럴 것이다.

이런 생각이 들 때 리더에게는 '일을 맡기면 실패할 것 같다'

라는 무의식적 편견이 있을 수 있다. 물론 팀원의 능력이나 지금까지의 경험을 바탕으로 무슨 일을 맡길지 판단하는 것도 필요하다. 다만 필요 이상으로 과거에 이끌려 미래의 가능성에 눈을 돌리지 않을 수 있다.

▶ 그 팀원에게는 그 일이 아직은 힘들 수 있다고 생각했는데, 의외로 잘해낼 수 있을지도 모른다.
▶ 처음에는 익숙하지 않아도 일을 하다 보면 능력을 갈고닦을 수 있다.
▶ 예전에는 실패했더라도 이번에는 그전의 경험을 통해 일을 잘해낼 수도 있다.
▶ 그 팀원이 부족한 부분이 있다면 리더나 다른 팀원들이 보완하면 될 것이다.

사람은 변하기 마련이다. 그러니 과거의 정보만으로 결정하지 말고, 미래의 가능성을 믿도록 하자. 가능성을 믿지 않으면 팀원에게 일을 맡기는 날은 언제까지나 찾아오지 않는다.

Point **21** **과거의 경험, 정보만으로 결정하지 않는다.**

무조건
옳은 방법은 없다

22

다음과 같은 경험은 없는가?

▶ 팀원의 주체성을 소중히 하고 싶은데, 무심코 참견하게 된다.
▶ 마이크로 매니지먼트는 피하고 싶지만, 어느새 이것저것 지시하고 만다.
▶ 자신과 다르게 일하는 팀원을 보면 "왜 지시대로 하지 않는 거야?"라고 따지게 된다.

이런 생각에 사로잡힐 때 리더에게는 자신의 지시대로 되지 않으면 일이 잘되지 않는다는 무의식적 편견이 있을 수 있다. 경험이 풍부한 리더는 자기 나름의 성공 법칙이나 승리 패턴이 있다. 리더는 그것과 똑같이 하면 성과가 나오리라 생각하겠지만, 그 방식이 모두에게 맞는다고는 할 수 없다. 일을 맡은 팀원이 더 나은 길을 찾을 수도 있다.

'나는 옳다' '내 방식은 옳다'라는 자기방어가 강해지면 자신과 다른 의견을 모조리 배제하게 될 수 있다. 결과적으로 팀의 변화를 방해하거나 모두 비슷해야 좋다고 여기는 조직이 될 수 있다. 자신의 방식을 강요하려는 마음을 깨달았다면 그 생각을 버리는 것부터 시작해 보자.

Point 22 자신과 다른 사고방식도 받아들인다.

여자 일, 남자 일이
따로 있다고?

23

사람의 조건에 따라 팀원의 능력, 자질, 특징을 단정 지어 본래 지닌 능력이나 적성을 보지 못하는 무의식적 편견을 스테레오 타입(Stereotype)이라고도 한다.

나이를 이유로 판단한다

"젊은 팀원에게 일을 맡기는 게 빠를 거야."

"시니어에게 이 일은 힘들지."

이렇게 나이에 따라 맡기는 일을 판단하지 않는가? 만약 나이가 '젊어서 또는 많아서'라는 조건으로 자신이 사람을 판단하고 있다면 '정말 그런가?'라고 다시 생각해 보자.

성별을 이유로 판단한다

"남자들이 영업에 더 맞을 것이다."
"여성은 신규 영업이 어려울 것이다."

이렇게 성별에 따라 일의 영역을 단정 짓고 있지 않은가?

기타 조건을 이유로 판단하다

'말주변이 없는 팀원에게 신규 고객 영업은 맞지 않을 것이다'라는 무의식적 편견을 가진 리더가 있었다. 그런데 기대하지 않았던 팀원이 경청하는 능력을 발휘해 고객의 마음을 사로잡아 대규모 계약에 성공한 사례가 있다.

'어린 자녀가 있는 팀원에게 출장이나 야근이 늘어날 만한 일은 맡기지 않는 편이 낫다'라는 무의식적 편견으로 다른 팀원을 지원하는 업무만 맡긴 리더가 있다. 그런데 어느 날 "배려일 수도 있지만, 출장이나 야근도 미리 알고 있으면 괜찮습니다. 출산 휴가를 가기 전과 같은 일을 하고 싶습니다."라고 요청

받은 사례도 있다.

이처럼 리더가 일을 맡기거나, 맡기지 않는 판단을 하는 데 무의식적 편견이 영향을 미치면 팀원들의 장기적인 커리어 형성에 영향을 줄 수 있음을 꼭 기억하자.

리더의 생각은 팀원의 가능성, 희망, 보람을 자신도 모르게 깨뜨릴 수 있다. 모든 팀원을 하나로 묶어서 생각하고 있지 않은가? 리더는 개개인이 다르다는 사실을 꼭 의식해야 한다.

학력, 성별, 나이, 출신지 등을 바탕으로 '과거 팀원은 이랬다'고 단정하지 말고 개개인은 다르며, 같은 팀원이라도 과거와 지금은 생각이 달라질 수 있음을 기억하자. 그리고 꼭 일대일로 대화할 시간을 찾아서 본인에게 직접 의사와 의향을 확인하는 습관을 들이길 바란다.

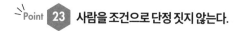 Point **23** **사람을 조건으로 단정 짓지 않는다.**

한 번 실패한 팀원에게 어떻게 일을 맡길 것인가

24

　　과거에 맡긴 프로젝트에서 실패한 적이 있다는 이유로 중요한 일을 맡기지 않게 된 팀원은 없는가? 무의식적 편견은 경험이나 보고 들은 것에 의해 형성된다. 예를 들어 과거에 실패한 적이 있는 팀원에 대해 이렇게 착각하는 일을 들 수 있다.

'틀림없이 또 실패할 거야.'
'이 일에는 맞지 않는 것 같아.'
'또 실패하면 큰일이야.'

하지만 인생에서 한 번도 실패한 적이 없는 사람은 없다. 실패라는 귀중한 경험을 사람은 교훈으로 삼고 그다음에 반복하지 않으려 한다. 과거에 실패했더라도 이미 현재는 노력으로 준비가 된 경우도 충분히 있을 수 있다.

과거의 경험에서 벗어나지 못해 '이제 너에게 맡길 수 없다.'라는 무의식적 편견으로 도중에 일을 가져오거나 가능성이 없다고 단념하면 팀원의 성장은 멈추게 된다. 팀원의 실패를 받아들이고, 자신 있어 하는 방법을 갈고닦을 수 있도록 지원하는 것이 리더의 역할이 아닐까?

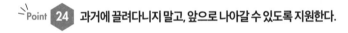

Point 24 과거에 끌려다니지 말고, 앞으로 나아갈 수 있도록 지원한다.

일이 아닌 용기를 준다

25

지금까지 일을 맡기는 데에서 리더가 품기 쉬운 무의식적 편견을 전달했는데, 팀원들이 빠지기 쉬운 무의식적 편견에 대해서도 이야기하고자 한다.

가면 증후군

가면 증후군(Imposter Syndrome)이란 능력이 있음에도 자신을 과소평가해서 하기 힘들다고 뒷걸음질 치는 무의식적 편견이다. 주위에서 충분히 좋은 평가받고 있어도 그것을 믿지 못한다. 혹시 이런 일은 없었는가?

리더가 대형 프로젝트를 한 팀원에게 맡기는 결단을 내렸다. 그 사실을 전하자 팀원은 "마음은 감사하지만, 저는 아직 부족하다고 생각합니다. 자신이 없어요."라고 거절했다. 사실 여기에는 팀원이 자신을 과소평가하는 무의식적 편견이 숨어 있을 수 있다.

이런 무의식적 편견이 있는 팀원은 리더가 큰 역할을 맡기려고 하면 '나를 생각해 준 리더의 기대를 저버리고 싶지 않다.'라고 생각한다. 그래서 마음이 동요해 '실패할지도 모르니까 맡지 않는 게 낫겠어' '일을 맡기에 내 실력이 부족하다면 당장 거절하는 게 좋겠어'라고 생각하는 경향이 있다.

스테레오 타입의 위협

스테레오 타입의 위협이란 자신의 조건에 대한 부정적인 고정관념에 속박되어 '할 수 있다 또는 할 수 없다' '한다 또는 하지 않는다' 등을 결정하는 무의식적 편견이다. 다음과 같은 예를 들 수 있다.

'여자인 내가 팀을 이끌 수는 없어.'
'학력이 낮으니 프로젝트 리더를 할 수 없어.'

'이과 출신이라 영업에 맞지 않아.'

이처럼 팀원이 스스로 성별, 학력, 출신 등의 조건이나 일부 특성을 이유로 자기 능력의 한계를 정한 다음, 일을 맡기고 싶다는 리더의 제안을 거부할 수도 있다.

가면 증후군도, 스테레오 타입의 위협도, 팀원이 스스로 부정적인 셀프 이미지를 갖게 되는 무의식적 편견이다. 그럼 리더는 무엇을 할 수 있을까? 바로 팀원들의 무의식적 편견을 알아차렸다면 도움을 주는 것이다.

'하지만' '그래 봤자' '어차피' '이제 와서'라는 말은 부정적인 셀프 이미지를 만들어 내고, 도전하는 데에 제동을 걸 수 있다. 팀원들이 이런 말을 사용하는 것을 알았다면 '팀원이 생각하는 자신의 한계나 무의식적 편견'에 대해 대화를 시작해 보자. 그 다음 팀원이 한발 내디딜 수 있도록 도움을 주는 말을 해보길 바란다.

> Point **25** **한발 앞으로 내딛게 하는 대화가 중요하다.**

일을 거절하는 팀원에게
일을 맡길 때

26

과거 팀원들의 발언이나 생각 중에 지금도 기억하는 것이 있는가? 과거 팀원들의 언행이 지금도 변함없다고 생각하는가?

"관리직이 아닌 제 개인 역량을 드러내는 분야로 가고 싶습니다."

"간병 때문에 여러모로 힘들어서⋯⋯. 지금은 가정을 우선하고 싶어요."

"나중에 아이가 생기면 아이와 충분하게 많은 시간을 보내고 싶습니다."

이러한 팀원들의 생각이 10년 전이나, 5년 전이나, 1년 전이었음에도 불구하고, 리더는 '다시 물어보지는 않았지만 분명 예나 지금이나 저 사람은 같은 생각일 거야'라고 생각할 수 있다. 이것도 무의식적 편견이다.

팀원의 사정을 고려한 후에 일을 맡기거나 맡기지 않는다고 판단할 때 조심해야 할 것이 있다. 과거에 들었던 생각을 그대로 받아들이지 말고, 번거롭더라도 주기적으로 "지금은 어때?"라고 물어보길 바란다. 사람의 마음이나 사정은 어지러울 정도로 계속 바뀐다.

'일을 거절한 사람은 다음에 또 거절할 것이다'라고 생각하지 말고, '이번에는 거절했지만 다음번에 또 물어보자'라고 생각하자.

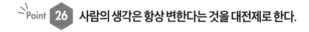

Point 26 사람의 생각은 항상 변한다는 것을 대전제로 한다.

불편한 팀원에게
일을 맡길 때

27

주변에 불편하다고 느껴지는 팀원이 있는가? '나와 감성이 달라'라고 느끼거나 '생각이나 사고회로를 도저히 이해할 수 없어'라는 느낌이 이어지면 그 상대에 대해 불편한 의식이 생길 수 있다.

▶ 나와 같은 생각을 해야 한다(생각이 나와 너무 다르다).
▶ 나는 옳다(당연히 팀원이 틀렸다).

이러한 무의식적 편견이 있으면 팀원을 자신과 맞지 않다고 판단해 안건을 맡기는 데에 영향을 주게 된다. 불편하다는 의식이 있다면 꼭 다음 질문으로 돌아가 보자.

▶ 자신과 같은 생각을 하는 것이 당연히 좋은 것일까?
▶ 불편하다는 의식의 배경에 자기방어가 있지 않은가?
▶ 팀원은 소중한 파트너가 아닌가?

상대가 자신과 맞는지 아닌지를 따지지 말고, 개개인의 강점이 무엇인지, 그 강점을 살리려면 어떻게 해야 하는지 고민해본다. 불편한 의식을 뛰어넘는 무언가를 찾을 수 있다면 보이는 세계가 바뀔지도 모른다. 마음을 평온하게 하고 팀원을 관찰하면 분명 좋은 점을 충분하게 발견할 수 있다.

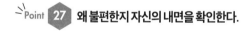
Point 27 왜 불편한지 자신의 내면을 확인한다.

확증 편향, 현상 유지 편향, 자기 봉사 편향, 부정 편향 팀원에게 일을 맡길 때

28

확증 편향

확증 편향(Confirmation Bias)이란 자신의 상황에 편리한 정보에만 눈이 가는 무의식적 편견이다. '역시 안 될 줄 알았어.'라고 하면 안 되는 정보에만 눈이 간다. 반대로 '역시 대단해.'라고 하면 안 되는 정보에 눈이 가지 않는다.

한 번 강렬한 인상을 받았던 이미지나 자신이 이러리라 생각했던 것이 나중에도 영향을 준다는 점을 꼭 기억하길 바란다. 확증 편향은 누구에게 무슨 일을 맡길지 검토하는 경우에 영향을 미칠 수 있으므로 주의가 필요하다.

현상 유지 편향

무의식중에 현상 유지를 원해서 변화를 거부하는 무의식적 편견이다. 현상 유지 편향이 있으면 같은 팀원에게만 일을 맡기거나 일하는 방식을 바꾸자는 조언을 받더라도 큰 문제가 없으면 그대로 이전에 일하던 방식으로 진행하려고 한다.

당연히 변화에는 리스크가 따른다. 무엇인가를 바꿔서 실패하기보다 아무것도 바꾸지 않고 현상 유지를 선택하는 것이 마음 편할지도 모른다. 하지만 5년 후, 10년 후의 팀을 상상해 보자. 리더가 언제까지나 일을 맡기지 않으면 팀원도 리더도 성장을 바랄 수 없다.

자기 봉사적 편향

자기 봉사적 편향이란 성공은 자신의 공이고, 실패의 책임은 자신에게 없다는 무의식적 편견이다. 리더가 이런 편견이 있으면 다음 같은 일이 일어날 수 있다.

▸ 맡긴 일이 잘 풀렸을 때는 일을 맡긴 나의 공이다.
▸ 맡긴 일이 잘 안 되었을 때는 팀원들 탓이다.

자기 봉사 편향에 사로잡히는 것은 인정 욕구가 강하게 영향을 주기 때문일 수도 있다. 그러니 '내가 공을 가로채고 있는 것은 아닐까?' '팀원이 주목받을 수 있도록 하고 있는가?'라고 되짚어 보자.

부정 편향

긍정적인 뉴스보다 부정적인 뉴스에 쉽게 주의를 기울이는 심리를 부정 편향이라고 한다. 부정 편향이 있으면 실패를 피하려는 마음이 강해서 리스크에 과잉 반응하는 경향이 있다.

▶ 그 팀원은 과거에 일을 중도 포기한 적이 있다.
▶ 고객에게 손해를 끼친 적이 있다.

이와 같은 좋지 않은 평판을 들으면 일을 맡기는 것을 그만두고 싶어지는 것이 전형적인 예이다. 그런데 실제로 자세히 살펴보니 중도에 포기한 것이 아니라, 프로젝트 도중에 다른 팀으로 이동한 것이라면 어떨까?

팀원의 부정적인 소식이 귀에 들어왔을 때는 바로 판단하지 말고, 우선 본인에게 사실 여부를 확인하는 것부터 시작하자.

설령 소식이 사실이라고 해도 한 가지 부정적인 요소 때문에 다른 긍정적인 요소들을 무시하는 것이 과연 적절한지 잘 생각해 보기 바란다.

 편향된 생각이 일을 맡기는 데에 다양한 영향을 미치고 있음을 의식한다.

무의식적 편견을
경계하라

29

일을 맡기는 데에 숨겨진 다양한 무의식적 편견을 소개했는데 어떤 생각이 드는가? 가치관, 사고방식, 잘하는 것, 못하는 것, 목표로 하는 커리어, 인간관계, 건강 상태, 가족 구성 등 자신과 형편이 같은 사람은 한 명도 없다. 만약 과거 100명의 팀원이 비슷한 선택을 했다고 해도 101명째 사람은 다른 선택을 할 수 있다.

같은 사람이라도 시간이 지나 생각이 바뀌면 성장할 수 있다. 과거에 실패했다고 해서 이번에도 실패한다고는 단정할 수 없다. 팀원을 개별적으로 상황에 맞게 대하면 분명히 맡기는 업무도, 맡기는 내용도, 맡기는 범위도, 맡기는 영역도 확장되는 모습이 보일 것이다. 무의식적 편견이 마음에 스며들 때면 다음의 말을 마음속에 떠올리자.

'내가 이렇게 생각하는 것이 무의식적 편견은 아닌가?'

 한 사람 한 사람을 적절한 때마다 마주 대하는 것이 중요하다.

4 장

잘 맡겼으니
이제 잘 해내도록
돕는다

언제든지 상담하러 오라는 말은 하지 마라

30

일을 맡겼을 때 다음과 같이 말한 적이 있을 것이다.

"언제든지, 뭐든 상담하러 와도 좋습니다."

언뜻 보면 팀원을 배려하는 듯한 메시지이지만, 조심해야 할 부분이 있다. '언제든지' '뭐든'이라는 말은 기준이 모호하다는 점이다. 그런 연유로 양쪽 모두에 부정적인 면이 있다는 것을 부인할 수 없다.

리더의 입장

'분명 언제든지 오라고 했지만, 이렇게 자주 상담하러 오다니 당혹스럽네.'

'언제든지 오라고 했는데, 왜 진행 상황에 대한 보고가 없지?'

'언제든지, 뭐든 상담하라고 했는데, 한 번도 상담하러 안 오니까 불안해.'

팀원의 입장

'뭐든 괜찮다고 해서 거리낌 없이 상담했는데, 표정이 어두운 이유가 뭘까?'

'언제든지 오라고 했지만, 너무 바빠 보여서 말을 걸기가 쉽지 않네. 상담을 해? 말아?'

'언제든지 뭐든 상담하라고 했지만, 뭘 어떻게 상담해야 좋을지 모르겠어.'

이처럼 언제든지 오라는 메시지는 서로에게 불만이나 불평을 만들 수 있다. 그래서 나는 상담 포인트를 정해 놓기를 추천한다. 구체적으로 시간과 상황이다. 예를 들어, 몇 개월 동안 진행하는 프로젝트에서는 다음과 같이 설정한다.

시간에 따른 상담 포인트

▶ 2주에 한 번, 진행 상황의 공유 회의를 미리 설정한다.

▶ 3일에 한 번, 5분 정도의 짧은 회의를 설정한다.

중요한 것은 자세히 정보를 공유하는 미팅과 단시간에 끝나는 짧은 미팅을 설정해 두는 것이다. '2주 동안 또는 3일'이라고 하는 간격은 프로젝트의 난이도와 진행도에 맞춰 바꾸자.

진행 상황에 큰 변화가 없으면 3일에 한 번 하는 짧은 미팅에서 특별히 할 말이 없을 수도 있다. 그런 경우 다음처럼 내용만을 공지하는 30초 회의를 해도 된다.

"오늘은 특별한 사항 없음."

"종료."

이것이 의미가 없다고 생각할 수도 있지만, 일을 맡긴 리더도, 일은 맡은 팀원도 궁금한 사항을 거리낌 없이 말할 기회가 정기적으로 있다는 안도감이 매우 중요하다.

'궁금한 것이 있지만, 상사가 바빠 보여서 상담할 시간을 잡

기가 내키지 않아.'

이 같은 팀원의 심리가 프로젝트의 성패를 좌우하기도 한다. 팀원이 좀 더 빨리 상담했다면 피해가 적었을 사태에 직면한 적은 없는가? 자연스럽게 대화를 나눌 수 있는 시간을 미리 설정하면 작은 깨달음이나 위화감을 놓치지 않을 수 있다.

또한 진행 상황이 궁금한 리더는 서로 합의하에 짧은 미팅을 설정하면 마이크로 매니지먼트 때문에 팀원의 의욕이 떨어지는 일을 방지할 수 있다는 측면도 있다.

상황에 따른 상담 포인트

▶ 문제가 있을 때는 즉시 상담할 것

▶ 위화감을 느꼈다면 즉시 보고할 것

짧은 미팅을 기다리지 않고, 상담하고 싶은 사안이 생긴다는 전제하에 이런 포인트도 설정해 둔다. 또한 상담 포인트를 구체적으로 정해 두는 것도 중요하다. 사전에 어떤 경우에 상담할지, 어떤 일을 보고할지 구체적으로 상담 포인트를 설정해 두면 서로 편안하게 이야기를 나눌 수 있다.

구체적인 상담 포인트

▶ 스스로 판단할 수 없다고 생각했을 때

▶ 어떻게 해도 아이디어가 나오지 않아 일을 멈췄을 때

▶ 목표나 기한, 요건을 알 수 없게 되었을 때

▶ 다른 일이 들어와서 우선순위가 보이지 않을 때

▶ 스트레스를 느끼거나 힘들 때

이런 식으로 상담 포인트를 미리 정해 두면 그 포인트를 이유로 팀원들도 약속을 잡기 쉬워지고, 리더도 이유가 무엇인지 알고 있으면 생각을 전달하기 쉬워진다.

한편, 팀원의 성장을 바라고, 좀 더 스스로 생각하기를 바랄 때는 "이다음부터는 스스로 생각하기를 바란다."라고 말해 모든 답을 내어주지 않는 것도 중요하다.

᠅Point **30** **상담 포인트를 미리 구체적으로 정해둔다.**

중간보고할 때
체크포인트

31

리더의 행동은 하나를 보면 열을 안다. 구체적인 사례를 바탕으로 살펴보자. 바쁜 리더 곁에 팀원이 상담하러 왔다. 그 내용은 리더에게는 사소한 일이라서 '생각을 조금만 해보면 알 텐데.'라는 생각이 들었다. 결국 다음과 같은 태도로 상담을 했다.

"후우."라고 들리도록 한숨을 쉬었다.
"어? 그게 급한 일이에요?"라고 중간에 어이없다는 표정을 지으며 되물었다.
"그런 것도 생각하지 못한 거예요?"라고 면박을 주면서 싫은

소리를 했다.

이 리더의 언행을 어떻게 생각하는가? 또한 이러한 리더의 말이 상담한 팀원이나 이 리더의 밑에서 일하는 주변 팀원들에게 어떤 영향이 있다고 생각하는가?

리더의 매정한 태도, 부정적인 메시지, 비언어 메시지가 전하는 부정적인 기운은 팀원들을 위축시키고 '어떻게 해야 보고하는 과정을 피할 수 있을까?'라는 생각을 가장 먼저 들게 한다. 또한 빨리 상담했으면 커지지 않았을 문제를 만드는 데에도 일조한다. 결국 이런 상황을 목격한 팀원들도 점차 리더의 눈치를 보게 된다.

"오늘은 기분이 좋아 보이니까 지금 상담하면 이야기를 들어줄지 몰라."
"지금은 저기압이니까 이 보고는 피하는 게 좋겠어."

팀 내에서 이런 식으로 소곤거리며 상사의 눈치를 살피는 쓸데없는 대화가 생기게 된다. 쓸데없는 일에 시간이나 노력을 쓰면 마음까지 지치기 마련이다. 구체적인 상황을 하나 더 소개하겠다. 바쁠 때 상담을 하러 오거나 외출 직전에 팀원이 말을 거는 경우가 있는데, 그때 다음과 같은 반응을 했다면 어떻게 될까?

““바쁘니까 나중에 할까요?”
“왜 이럴 때 말을 겁니까? 눈치가 없는 건지.”

앞의 경우와 마찬가지로 이런 메시지를 한 번 표현하면 상사의 눈치만 보게 되어 신뢰 관계를 구축하기 어려워진다.

처음부터 팀원이 찾아와 상담하고 보고를 하는 일은 고마운 거라고 생각하자. 그런 뒤에 다음과 같이 사정을 전하거나 언제쯤 상담에 응할 수 있는지 말하는 거다. 상담 내용이 긴급한지, 1시간 후나 2시간 후에 보고받아도 늦지 않는지 확인해야 한다. 마음먹기에 따라 팀 분위기와 평가는 달라지기 마련이다.

“이제부터 고객을 만나야 해서 2시간 뒤에 이야기할 수 있습니다. 그때 이야기해도 괜찮은 일인가요?”
“지금 임원에게 급한 지시가 내려와서 처리해야 합니다. 1시간 뒤에 이야기해도 괜찮을까요?”

"5분 정도 기다릴 수 있을까요? 급한 안건이라면 먼저 듣겠지만. 어떻습니까?"

내가 예전에 컨설팅했던 어느 기업의 사장은 직원들이 상담하러 왔을 때는 언제든지 반드시 일을 멈추고 마주했다고 한다. 그 기업 직원들이 사장의 그러한 모습을 자랑스럽게 이야기한 것도 굉장히 인상적이었다.

"사장님은 항상 이렇습니다."

팀원을 존중하고 소중히 여기는 자세는 신뢰와 존경으로 돌아온다. 그것을 잊지 않도록 하자. 팀원이 상담하거나 보고할 때의 리더의 행동은 다양한 상황에 영향을 주기 때문이다.

Point **31** **팀원이 상담하거나 보고하면 고마워한다.**

중간보고하지 않을 때

32

    상담하는 시간과 내용을 미리 정했다고 해도 팀원이 중요한 보고를 잘하지 않는 경우도 있다. 리더로서 그렇게 느껴지더라도 '저 사람은 진행 과정이나 결과에 대해 똑바로 보고를 하지 않는군!'이라는 식으로 단정하지 말자. 책망하는 것이 아니라 어떻게 해야 직원이 부담없이 보고할 수 있을지 생각하길 바란다. 팀원에게는 다음과 같은 일이 있을 수 있다.

▶ 어쩌면 보고를 잊을 만큼 바쁠 수도 있다.
▶ 어쩌면 전임 상사의 태도가 영향을 끼쳤을지도 모른다.

▶ 리더의 어떤 언행을 계기로 상담하기를 중단했을지도 모른다.

이처럼 팀원에게는 팀원 나름의 사정이 있다고 생각하거나 자신의 행동에서 원인을 찾아보자. 그러면서 팀원이 보고하기를 기다리지 말고, 리더 스스로 보고를 들으러 가는 것도 괜찮다. 직접 보고를 받으러 가보자.

"지금 상황이 파악이 안 되는데 간단히 말해주겠어요?"
"내 착각일 수도 있겠지만, 혹시 무슨 곤란한 일 있나요?"

이런 말을 계속하면 팀원은 신경을 써준다는 것에 안심이 되면서 '이 리더라면 상담해도 좋을 것 같아.'라고 마음과 언행이 바뀔 수도 있다. 중요한 것은 팀원에 대한 리더의 마음가짐이다.

Point **32** 리더가 직접 보고를 받으러 간다.

맡긴 일을 망치고 싶으면 떠먹여라

33

    팀원을 지나치게 많이 도와주거나 너무 빨리 도움을 손길을 내미는 자신의 성격이 고민인 리더도 있을 것이다. 다음과 같은 행동 중에 짚이는 사항이 있는가?

▶ 팀원이 벽에 부딪힐 것 같으면 피할 수 있도록 즉각적인 조치를 준비한다.

▶ 팀원이 망설이거나 고민하고 있으면 답을 말해준다.

▶ 상담하면서 결국은 자신이 좋다고 생각하는 길로 이끈다.

▶ 클레임 대응 중인 팀원을 발견하면 즉시 전화를 바꿔서 리

더 본인이 응대한다.

▶ 팀원이 교섭을 어려워하면 대신해 준다.

팀원이 곤란을 겪고 있으면 무심결에 도와주는 편인가?

사람에 따라서는 '왜 이런 것도 못하는 거야?'라고 안절부절 못해서 바로 답을 알려주거나 '내가 처리하는 게 나중에 편하지.'라는 마음으로 안이하게 일을 떠맡는 경우도 있다.

어떤 경우든 리더가 바로 답을 알려주거나 일을 대신하면 팀원들이 생각할 기회가 줄어들고 리더에게 의지하는 버릇이 생긴다. 또한 리더가 도움의 손길을 빨리 내미는 것은 팀원들의 경험이나 성장의 기회를 빼앗는 결과를 낳게 될 수 있다.

벽에 부딪히거나 고민하는 것은 부정적인 일이며, 피해갈 수 있다면 그편이 낫다고 생각할 수도 있다. 하지만 벽에 부딪히면서 열심히 생각하고 대응하는 것으로 배울 수 있는 부분도 분명히 존재한다.

⟍⎜⁄
⟋Point **33** **리더의 도움이 성장의 기회를 빼앗기도 한다.**

팀원을 성장시키는 조언

34

팀원하고 상담할 때 무엇이 중요할까? 상담할 때 무엇을 의식해서 답하려고 하는가? 구체적인 상황을 예로 들어 생각해 보자. 처음으로 사내 프레젠테이션을 맡긴 팀원이 있다고 하자. 그 팀원이 프레젠테이션 실전을 앞두고 잘될지 불안한 마음에 리더에게 상담하러 왔다고 생각해 보자.

"프레젠테이션을 성공시키는 요령 좀 가르쳐 주시겠어요?"

이럴 때에 리더는 어떠한 조언을 해주면 좋을까? 어떻게 조언해야 팀원이 방향을 잘 잡을 수 있을까?

"포인트는 세 가지로 좁히는 게 낫습니다."
"장황하게 설명하지 말고, 항목별로 전달하는 것이 좋아요."
"프레젠테이션에 관한 책을 읽어보면 도움이 될 겁니다."

이런 식으로 다양하게 조언할 수도 있을 것이다. 모두 효과적인 조언이지만, 반드시 빠지면 안 되는 조언이 있다. 바로 생각을 전달하는 것이다.

팀원이 어떻게 해야 잘될지 생각하고 한 걸음을 내디딜 수 있도록 돕자. 일일이 세부적으로 지시하고, 기술이나 방법만 전하는 지도를 하다 보면 팀원은 지시한 것을 해내기만 할 가능성이 있다. 그러면 일을 맡기는 의미가 없다. 이 일을 하는 데에 중요한 생각을 의식적으로 전달해 보자. 다음처럼 생각을 전하면 어떨까?

"어떻게 전달해야 상대가 잘 전달받을까요?"
"성공적인 프레젠테이션이란 무엇이라고 생각하고 있나요?"
"전하고 싶은 바를 상대의 머릿속에 남기려면 어떻게 해야 하는가의 관점에서 생각해 보면 어떨까요?"

이런 질문으로 대화를 시작해 보자. 질문으로 길을 인도하는
것은 생각하는 시점이나 어려운 상황에서의 사고방식을 전달
하는 일도 되기 때문이다. 좋은 질문은 분명 팀원들의 성장을
돕는다.

맡긴 일을 성공으로 이끌기 위해 쌓아온 노하우는 무수히 많
다. 다만 무엇이든 하나하나 애를 써서 가르친다면 창의적이지
못하는 팀원이 됨과 동시에 리더의 복제품이 될 뿐이다. 그렇게
되지 않도록 질문을 통해서 팀원이 꼭 생각할 수 있도록 하자.

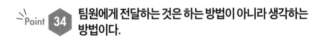 Point 34 팀원에게 전달하는 것은 하는 방법이 아니라 생각하는
방법이다.

팀원이 웃는다고
괜찮은 게 아니다

35

팀원이 하는 일이나 맡겨 놓은 일의 진행 상황이 신경이 쓰일 때 어떤 말을 건네는가?

"괜찮아요?"
"어때요?"
"힘든 일은 없어요?"

이때 만약 팀원이 "괜찮습니다."라고 했다면 그 말을 곧이곧 대로 받아들이는 것은 위험할 수 있다. 많은 팀원에게는 리더에게 "괜찮지 않습니다."라고 말하기 어려운 마음과 상황이 있기 때문이다.

▶ 무능한 사람으로 보이고 싶지 않다.
▶ 다음 기회를 받지 못할 수도 있다.
▶ 안 좋은 평가를 받을 수도 있다.

이러한 심리 때문에 무심결에 괜찮습니다고 대답하게 된다. 또한 괜찮습니다고 대답하는 팀원 중에는 스스로 자신의 역량을 파악하지 못하고, 강행하는 사람도 있다.

팀원이 괜찮습니다고 말하면 리더는 "그럼 계속 잘 부탁해." 라고 대답하지 말자. 팀원이 괜찮다고 대답하는 까닭을 꼭 다음과 같이 파헤쳐 보기 바란다.

"괜찮다고 말하지만 굳이 우려되는 일을 하나 꼽는다면 어떤 것이 있을까요?"

"지금 동시에 진행하는 프로젝트에는 어떤 일이 있지요?"

"이 업무에 어느 정도 시간을 사용할 수 있죠? 현재는 시간을 얼마나 쓰고 있나요?"

이런 질문을 해보자. 팀원의 구체적인 답변에 따라 이대로 계속 맡겨도 정말 괜찮은지 판단할 수 있을 것이다. 하지만 만약 대답이 모호하거나 팀원의 희망이 강하게 들어간 대답처럼 느껴졌다면 계속해서 대화를 주고받아 보자.

그러면 팀원을 도와줄 수 있는 일을 찾게 된다. 지나치게 일을 끌어안고 있는 상태를 정리해 줄 수도 있다. 미리 리스크를 회피할 가능성도 있다. 팀원들의 표정, 태도, 목소리 톤에도 꼭 신경 쓰자. 물론 이것이 전부는 아니지만 참고를 위해 몇 가지 체크 포인트를 꼽아보았다.

표정

▶ 웃는 모습을 별로 보지 못했다.

▶ 표정이 어두워진 것 같다.

▶ 눈빛이 평소와 다르다.

목소리 톤

▶ 평소와 목소리 톤이 다르다.

▶ 평소와 다르게 목소리 톤이 낮다.

태도

▶ 눈을 마주치지 않는다.

▶ 평소보다 말수가 적다.

▶ 키보드 두드리는 소리가 크다.

▶ 평소보다 반응이 담담하다.

Point 35 팀원이 괜찮다고 해도 곧이곧대로 받아들이지 않는다.

맡긴 일이
진행되지 않을 때

36

    맡겨 놓은 일의 진행 상황이 좋지 않으면 걱정되고, 초조해져서 안절부절못하는 기분이 들 것이다. 그런 감정으로 괴로울 때의 리더인 나의 모습을 떠올려 보자.

> ▶ 팀원들에게 어떤 말을 걸고 있는가?
> ▶ 어떤 표정으로 팀원들에게 말을 걸고 있는가?
> ▶ 자신의 감정을 쏟아내는 일은 없는가?
> ▶ 팀원을 몰아붙이는 행동을 하고 있지 않은가?

압박을 넣으면 팀원의 발등에 불이 떨어져서 단기적으로 성과가 나올 수도 있다. 하지만 팀원들에게 리더에 대한 두려움이 남는다. 그렇게 되면 결국 중간보고를 하거나 상담을 청하는 횟수가 줄어들고, 나중에 더 큰 다른 문제로 발전할 수도 있다.

또한 몰아붙이는 것이 스트레스가 되어 팀원들이 리더와 함께하지 못해 팀을 떠나려고 할 수도 있다. 그 모습을 본 다른 팀원들도 '지금은 성과를 내고 있어서 상관없지만, 나도 언제 저렇게 될지 몰라.'라며 불안감을 느낄 수 있다.

몰아붙이는 접근법은 부정적인 영향을 광범위하게 끼친다. 저도 모르게 몰아붙이는 행동을 하는 경우에는 꼭 한 번 마주해 보기 바란다. 어쩌면 리더 자신도 주변에서 단기적인 성과를 요구받아 궁지에 몰려 있을지도 모른다. 일단 자신의 심리 상태를 자각하는 것부터 시작해 보자.

꿍ʻPoint **36** **팀원을 몰아붙이지 말고 성과를 추구해야 한다.**

일을 맡긴 후에
하면 안 되는 것

37

리더가 팀원에게 일을 맡길 있을 때 가장 해서는 안 되는 일이 있다. 바로 팀원들의 심신의 건강을 신경 쓰지 않는 것이다. 건강을 해치면서까지 열심히 일하라고 종용하지 않았으니 자신과 상관없는 이야기라고 생각할 수 있다. 하지만 팀원이 스스로 몰아붙이는 경우도 있기 때문에 잘 살펴야 한다.

팀원은 맡은 일에 대한 기쁨이 클수록 기대에 부응하고 싶고, 인정받고 싶어 한다. 실패하고 싶지 않고, 이를 계기로 승진하고 싶다는 마음이 생겨서 무리하게 된다. 리더에게는 팀원이 심신에 지장이 있을 정도로 애쓰지 않도록 신경 쓸 책임이 있다.

팀원들은 본인도 깨닫지 못하는 동안에 여러 가지 신호를 보내고 있다.

▶ 안색이 나쁘다.
▶ 지각이 늘었다.
▶ 복장이나 머리 모양이 흐트러졌다.

이것은 팀원들의 소리 없는 구조 신호라고 할 수 있다. 작은 징후나 위화감을 놓치지 말고, 신경을 쓰자. 맡긴 일 때문에 고민이 있을지도 모른다. 일은 순조롭게 진행되어도 사적으로 어떤 문제가 있을 수도 있다. 국가나 회사의 제도를 통해 해결할 수 있는 일이 있을지도 모른다.

중요한 것은 팀원 개개인의 인생에 마음을 기울이는 것이다. 물론 팀원에게는 팀원의 프라이버시가 있으므로 털어놓고 싶지 않을 수 있다. 이때는 쉽지 않지만, 사정을 보고해 달라고 접근하지 말고 이렇게 물어보는 것도 좋다.

"최근 지각이 많아서 걱정되네요. 무슨 일이 있어요? 뭔가 도울 수 있는 일이 있으면 믿고 말해줬으면 좋겠어요. 물론 개인

사정이라면 억지로는 말하지 않아도 되어요."

먼저 심신의 상태를 걱정하고 있음을 보인다. 그리고 이유를 전달한 다음, 구체적인 사정을 이야기하든 안 하든 힘이 되고 싶다고 말한다. 어느 회사의 사장이 알려준 이야기가 있다.

"나는 일부러 육아와 간병을 하면서 힘들다고 생각하는 것을 사원에게 표현합니다. 그러면 사원도 자신의 사적인 어려움을 털어놓기 쉬울 수 있어요. 소중한 동료가 남몰래 고민하다가 무너지는 것은 슬픈 일이고, 회사도 우수한 직원이 퇴직하면 타격이 있으니까요."

이렇게 자신의 약한 부분을 공개한다는 이 이야기는 하나의 예시로 참고하길 바라며, 리더가 팀원의 심신 건강을 고려하는 자세가 중요하다는 사실을 잊지 말자.

Point **37** 리더의 가장 큰 책임은 팀원을 지키는 것이다.

과도한 격려는
부담이다

38

"아무래도 자신이 없습니다."

"현재 저에게는 부담이 큽니다."

"저에게는 아직 이른 것 같습니다."

"쉽게 잘되지 않습니다."

일을 맡겼더니 중간에 꽁무니를 빼는 팀원도 있을 것이다. 그럴 때 아무 근거 없이 "자네라면 괜찮아."라고 격려한들 아무런 의미가 없다. 리더의 입에 발린 말이나 대충 생각 없이 내뱉는 말은 팀원들이 의욕을 찾거나 일을 다시 맡는 데는 큰 도움이 되질 않는다. 팀원들도 다 알고 있다. 리더가 진심인지 아닌지 말이다.

'이 사람은 적당히 둘러대고 있을 뿐이야.'
'일을 시키고 싶어서 말하는 거야.'

그러면 오히려 역효과가 나는데, 어떻게 해야 할까? 괜찮다고 말한 근거를 구체적으로 전달해 줘야 한다. 리더가 일을 맡기고 싶고, 맡길 수 있다고 판단한 팀원이다. 불안한 점을 들어본 후에 일을 맡기고 싶다고 생각한 근거를 제대로 전해보자. 예를 들면 이런 느낌이다.

"고객을 상대로 하는 프레젠테이션은 확실히 긴장할 수 있는데, 지난번 사내 프레젠테이션은 설득력이 있어서 호평을 받았지 않습니까. 그때와 상대만 바뀔 뿐입니다. 그래서 당신이라면 잘할 수 있을 거라는 생각이 들었어요."

중요한 것은 다음과 같은 취지가 상대방에게 제대로 전달되는 것이다.

- ▶ 새롭게 생각하는 일도 지금까지 해온 일의 연장선에 있다는 점
- ▶ 강점을 살릴 수 있는 일(그 강점 때문에 맡기고 싶었다는 점)
- ▶ 지금까지 해온 일을 좋게 평가해서 받은 업무라는 점
- ▶ 그 포지션을 완수하리라 생각해서 의뢰했다는 점
- ▶ 당연히 필요한 지원을 하겠다는 점

사실 나도 비슷한 경험이 있다. 도망치고 싶은 일을 맡았을 때 격려받은 적이 있다. 당시의 나는 더는 진행하기 힘들다고 자기 멋대로 틀을 정했다. 불안에 짓눌려 도망치고 싶은 마음이 가득했던 나에게 어떤 사람이 강력한 근거를 붙인 메시지를 주었다.

"○○이 되어 있어서 괜찮아."

그 말은 자신감을 북돋아 주었고, 도전할 수 있도록 한 걸음 내딛는 용기가 되었다. 마지막으로 본인의 자질이나 능력이라는 근거와는 별개로 지원 체제에 관해 언급하는 것도 중요하다.

"무슨 문제가 생기면 반드시 지원할 테니 걱정하지 마세요."

"어떤 사소한 일이라도 이슈가 있을 땐 주저없이 알려주세요. 함께 해결해 갑시다."

이런 한마디가 있으면 팀원들은 일에 던져진 게 아니라는 생각에 안심하고 맡은 일에 도전할 수 있다.

>Point 38 괜찮다고 말하는 근거를 구체적으로 제시한다.

맡긴 일을
중단시켜야 할 때

39

▶ 맡긴 일은 끝까지 맡긴다.
▶ 마음에 들지 않는다고 중간에 거두어 들이지 않는다.

이것은 일을 맡길 때의 대원칙이다. 다만 언제, 어느 때라도 절대 중간에 중단하지 않는 것이 낫다고 말하고 싶은 것은 아니다.

▶ 맡긴 후에 작업량이 상상을 초월해서 혼자서 기한에 맞출 수 없을 때
▶ 가정 문제나 컨디션 너무 안 좋을 때 등 부득이한 사정이

있다고 본인에게 상담을 받았을 때

이런 사정이라면 일을 중단시키는 것도 고려해야 한다. 다만 이럴 때조차도 다음과 같이 생각하는 리더가 있을 수 있다.

▸ 끝까지 맡기는 편이 본인에게 도움이 된다(중단시키지 않는 다고 정해놓았다).
▸ 사정이 있다고 해도 한계에 다다를 때까지 노력하길 바란다.
▸ 무슨 일이 있어도 인수받지 않는다. 그것이 팀원의 성장을 위해 좋은 일이다.

이런 식으로 팀원들의 성장을 바라는 판단도 있을 수 있다. 물론 일리가 없는 말은 아니다. 그런데 그것이 정말 본인에게 도움이 되고, 주변에도 좋은 영향을 줄까? 반드시 그렇다고는 할 수 없다. 다음과 같이 혼자서 이런저런 문제를 끌어안고 있는 것은 아닌지 표정도 살피면서 이야기해 보자.

▸ 일을 맡겼을 때와 상황이 달라진 것은 없는가?
▸ 일을 맡겼을 때는 예상하지 못한 일이 일어났는가?

▶ 진행하면서 발견된 새로운 과제는 없는가?

▶ 우선순위를 정하지 못해서 곤란하지 않은가?

이렇게 혼자서 이런저런 문제를 끌어안고 있는 것은 아닌지 팀원의 이야기를 경청하고 있다는 느낌을 주면서, 이야기를 가로막지 말고 끝까지 말하게 한다. 사정이나 상황을 확인하고, 팀원의 의사를 듣고, 제대로 이야기를 나눈 뒤에 리더가 "이 프로젝트는 다른 팀원과 함께 진행하겠습니다."라고 결정해야 모두 이해할 수 있다.

일을 인수받든, 받지 않든 리더의 독단적인 행동은 팀원의 마음을 섭섭하게 한다. 모두를 이해시킬 수 있는지, 위화감이나 아쉬움이 남지 않는지 살피자.

팀원의 상황이나 사정에 맞춰 일을 맡길 수 있는 관계성을 만들어야 한다. 그런 자세가 전해지면 서로 약점이나 속마음을 털어놓는 팀이 될 것이다.

⎯\:Point **39** **때로는 일을 맡기는 것을 중단할 수도 있다.**

팀원의 비언어 메시지를 캐치하라

40

"모르는 게 있으면 언제든지 물어봐요."

일을 맡기다 보면 이렇게 말하는 경우가 있다. 하지만 실제로 다음 두 가지 이유로 상담하러 오지 않는 경우가 있다.

① 상담할 내용이 명확하지 않은 경우

첫 번째는 무엇을 상담해야 할지 모르는 경우다. 무엇을 모르는지 이해하지 못하는 팀원의 머릿속은 정리되어 있지 않을 수 있다. 본인이 처음 하는 일이나 수준이 높은 안건일수록 상담하러 오지 않을 수 있다는 점에 유의해 보자. 상담하고 싶어도 무엇을 상담해야 좋을지 모르는 팀원의 모습을 파악했다면 팀원이 상담 내용을 언어화할 수 있도록 이끄는 것도 필요하다.

② 리더와 상담하기 어려운 경우

두 번째는 마음의 문제다. 리더가 상담하기 어려운 상대로 인식되는 경우다. 팀원에도 다양한 유형이 있는데, 어떤 상대든 솔직하게 말하는 사람도 있고, 그렇지 않은 사람도 있다. 또한 리더가 상담하기 좋은 분위기를 자아내는 것도 중요한 점이다. 직장에 있을 때 자신의 모습을 떠올려 보자.

▶ 미소를 잃지 않으려고 하는가?
▶ 온화한 표정을 짓는 편인가?
▶ 미간을 찡그리는 경우가 많은가?
▶ 항상 화를 내거나 짜증을 내는 편인가?
▶ 다가가기 힘든 분위기를 자아내고 있다는 말을 듣고 있는가?

팀원들이 상담하기 좋은 분위기를 유지하는 것은 맡긴 일의 성패를 좌우한다고 해도 과언이 아니다. 팀원들이 상담하기 어려울 수 있는 비언어 메시지를 평소 표현하지 않았는지도 이번 기회에 아울러 되짚어 보자.

그리고 하나만 더 꼽자면, 팀원이 말을 걸었을 때 상대를 위축시키는 말이나 표정을 짓지 않도록 유의한다. 팀원의 상담을 어떻게 받아들이려고 하는지가 순간의 표정과 행동에 나타나기 때문이다. 정말 고민하고 있을 때, 사람은 그 마음을 쉽게 말로 표현하지 못한다.

표정이 어둡거나, 반응이 둔하거나, 태도가 침착하지 못할 때, 말로 표현할 수 없는 비언어 메시지를 놓치지 말고, 리더가 나서서 손을 써보자. 분명 그런 의식과 행동이 쌓이면서 신뢰 관계가 두터워질 것이다.

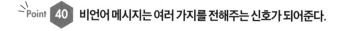

Point 40 비언어 메시지는 여러 가지를 전해주는 신호가 되어준다.

맡긴 일을 의욕적으로
하는지 판단하는 방법

41

예를 들어 큰 프로젝트를 맡긴 직원이 계속 정시에 퇴근하거나 휴가를 낸다고 해보자. 맡긴 프로젝트가 잘 진행되고 있는지 불안하거나 일을 하려는 의욕이 없다고 판단하지 않는가?

'그렇게 큰 안건을 맡았는데, 한가롭게 휴가를 내다니 있을 수 없는 일이야.'

이렇게 생각해 본 적이 있는가? 리더의 상식(당연하다는 생각)에서 벗어난 직원에게 짜증이 날 수도 있다. 하지만 '애써 프로젝트를 맡겨 놨는데 의욕이 없어 보이네.'라고 단정해서는 안 된다. 또한 "이럴 때 휴가를 가다니 믿을 수 없어."라는 식으로 주위에 불평하는 것도 리더로서 해서는 안 되는 일이다.

맡긴 일의 의의와 가치를 이해했다면 무책임한 행동은 하지 않을 것이라고 믿는 데에서 출발해야 한다. 그다음 미리 정해 둔 타이밍에 업무의 진행 상황을 보고받고 판단해도 된다. 물론 팀원에게 정말로 의욕이 없다고 판명될 수도 있다. 진행 상황을 보고 받는 타이밍에 그것을 느꼈다면 마음대로 생각하거나 결정하지 말고, 팀원과 대화를 해보자.

그때는 누구를 위해, 무엇을 위한 프로젝트이며 왜 일을 맡기고 싶었는지 다시 한번 전달해 보는 것도 필요하다.

Point **41** 자기 생각으로 상대가 의욕이 없다고 단정 짓지 않았는지 되돌아본다.

팀 분위기 만드는 방법

42

　맡기는 프로젝트에 따라서는 기밀정보의 공개 범위가 제한될 수도 있다. 그럴 때는 팀원들끼리 상담해서는 안 된다. 리더에게만 상담해야 하는 경우에는 미리 그 사실을 고지해 주는 것이 바람직하다. 그렇지 않다면 일을 맡긴 팀원이 상담할 상대로 고민하지 않도록 미리 상담할 상대와 범위를 말해주도록 하자.

　"상담할 것이 있으면 다른 팀원에게 상담해도 됩니다."
　"다른 사람과 공유해도 됩니다."
　"팀원들끼리 브레인스토밍하는 것도 좋다고 생각해요."

"이 안건으로 어려운 일이 있으면 ○○씨와 상담해 보는 게 도움이 될 거예요."

사전에 이렇게 전해주면 팀원의 마음이 편안해진다. 그런데 자신의 조직에는 서로 상담하는 분위기가 조성되어 있는가? 평소에 무슨 일이 있으면 서로 돕고, 지혜를 내어 서로 상담할 수 있는 분위기가 조성된 조직을 만드는 것은 리더가 해야 할 중요한 일 중 하나다.

▶ 평상시 곤란한 일이 있으면 서로 상담하는 분위기인가?
▶ 평상시 팀에서 안건을 공유하고 있는가?
▶ 바쁘다고 대화를 피하는 팀원은 없는가?
▶ 여기서 힘들지 않은 사람이 어딨느냐는 분위기인가?

 **Point** **42** **팀원이 서로 상담할 수 있는 분위기를 조성한다.**

5장

팀원의
변화와 성장이
일을 맡기는
이유다

일의 끝맺음이
중요한 이유

43

맡긴 프로젝트가 종료되었을 때 팀원에게 어떤 말을 하는 리더인가? 장기 프로젝트나 부담이 컸던 프로젝트, 여러 가지 우여곡절이 있었던 프로젝트일수록 꼭 끝맺음을 실감할 수 있는 메시지를 전하기 바란다.

리더 중에는 끝맺는 메시지를 주면 팀원이 번아웃 상태가 된다고 믿는 사람도 있다. 그 때문에 일이 끝나도 일부러 끝맺음이 느껴지는 메시지를 표현하지 않는 사람도 있다. 하지만 이와는 다른 의견도 있다. 한 IT 기업에 근무하는 프로젝트 리더의 이야기를 소개하겠다.

그 IT 기업에서는 프로젝트가 끝나면 상사인 담당 임원이 항상 다음과 같은 메시지를 준다고 한다.

"수고했어! 또 새로운 프로젝트도 시작하니까 긴장을 늦추지 말고 다음에도 잘 부탁해! 기대할게."

흥미로운 프로젝트를 잇달아 맡겨주는 것은 정말 고맙지만, 매번 끝난 느낌이 들지 않는다고 한다. 끝맺음이라는 느낌을 받고, 성취감을 맛보는 것은 매우 중요하다. 그렇지 않으면 '도대체 언제까지 계속 뛰어야 하는 거지?'라고 숨이 막히는 팀원도 생길 수 있다. 맡긴 프로젝트를 끝맺음하는 몇가지 구체적인 방법을 소개하겠다.

"드디어 끝났네요. 수고했어요."

우선은 팀원을 노고를 치하하는 말을 건넨 다음, 프로젝트를 맡긴 리더로서 느낀 바를 말로 전하는 것이다. 이때는 느낌을 말로 표현하는 것이 중요하다. 결코 평론가의 시선이 되어서는 안 된다. 결과를 분석하거나 평가, 평론하지 말고 느낀 바를 전달하자. 예를 들면 다음처럼 감정을 표현하는 것이 바람직하다.

"일을 해내서 정말 기분이 좋아."
"이 프로젝트를 통해서 즐거움을 느꼈어."

다음으로 추천하는 방법은 맡은 일을 되돌아보기 위한 리플렉션(Reflection) 시간을 설정하는 것이다.

프로젝트에서 느낀 감상, 배운 점, 깨달음, 교훈 등을 각자 말로 표현하면서 프로젝트의 시작부터 끝을 돌이켜 보는 시간을 마련한다. 경험을 언어화하는 시간은 일에 관련된 팀원 개개인에게 깊은 배움을 줄 뿐 아니라 큰 성취감을 주는 기회가 된다.

마지막으로 프로젝트에 따라서는 일이 끝난 것을 기념하는 회식을 여는 것도 좋다. 다만 전원이 참가할 수 있도록 배려하는 것도 필요하다. 분명 프로젝트가 종료된 후의 기념 회식은 끝맺음을 하거나 구분을 짓는다는 점에서 효과적이다. 하지만 회식을 하고 싶어도 여러 사정으로 참가할 수 없는 팀원이 있을 수 있다. 리더로서 그 부분에 대한 배려도 잊어서는 안 된다.

어느 리더가 알려준 방법을 마지막으로 소개하겠다. 바로 점심 회식이다. 예전에 그 리더는 회식이라고 하면 당연히 밤에

하는 것이 당연하다고 생각했다. 참가할 수 있는 사람만 참가하면 그만이라고 생각했다고 한다. 그러나 단시간만 근무하는 팀원이나 일이 끝나면 간병을 해야 하는 팀원, 근무 시간 이후에 학원에 다니는 팀원을 생각했을 때 어떻게 하면 좋을지 고민이 되었다. 그래서 도달한 해답이 바로 점심 회식이었다. 이 방법은 팀원들에게도 호평을 받고 있다고 한다. 점심 회식 문화는 다른 팀과 다른 부서로 서서히 퍼져나갔다.

물론 팀원이나 조직에 따라서 점심 회식이 환영받지 못할 수도 있다. 개중에는 자기 때문에 점심 회식을 하게 되었다고 느끼는 사람이 있을 수도 있고, 밤에 하는 회식에 참가할 수 있는 날도 있으니 항상 점심에만 하지 말고 상황에 따라 달랐으면 좋겠다고 생각하는 사람도 있다. 어쨌든 여기에서 전달하고 싶은 바는 끝맺음할 수 있는 방법을 강구해 보라는 것이다.

여러분이 끝맺음을 짓는 방법을 어떻게 연출할 것인지 생각할 때 이 사례가 생각의 계기가 되기를 바란다.

Point 43 팀원이 업무의 끝맺음을 느낄 수 있도록 한다.

맡긴 일의 결과가 달라지는 한마디

44

일을 맡긴 후에 하는 한마디는 매우 중요하다. 그 한마디가 팀원들에게 평가로 전해지기 때문이다. 우선 다음 사항을 확인해 두자.

▶ 난이도가 어느 정도 되는 일을 맡겼는가?
▶ 시간이 어느 정도 걸린다고 예상하고 맡겼는가?

이런 기준은 하나의 예시인데, 일의 가치를 올바르게 측정하려면 몇 가지 기준이나 판단 기준을 미리 세워 놓아야 한다. 그렇지 않으면 올바르게 평가할 수 없다. 이와 관련된 한 가지 사례를 소개하겠다.

리더: 갑자기 미안한데, 내일까지 마무리해 줄 수 있어요?
팀원: 알겠습니다. 내일까지 해보겠습니다.

그 프로젝트는 아무리 생각해도 이틀은 걸릴 만한 일이었다. 다만 급한 일이라는 것을 알고 있었기 때문에 지금 진행 중인 업무 일정을 조정하고, 다른 팀원에게도 일부 도움을 받아 그날 저녁에 끝내고 보고하러 갔다.

팀원: 오늘 아침에 맡기신 프로젝트 마무리했습니다.
리더: 아, 고마워요.
팀원: 괜찮나요?
리더: 나중에 확인할게요. 데이터도 보내세요.

여러분은 이 대화에서 무슨 느낌을 받았는가? 일을 착수한 팀원은 단시간에 일을 끝낸 것에 대한 언급이 없어서 실망했다고 한다.

'뭐라고 한마디 해줘도 좋았을 텐데.'

'힘들게 빨리 완성했는데…….'

'내일까지 된다고 했지만, 아무 코멘트도 없다니…….'

'결국 자신의 공적만 생각하는 거 아닌가?'

'열심히 일하고 손해 본 기분이야.'

이처럼 맡긴 일의 결과에 대한 리더의 반응에 따라 알 수 있는 것이 있다.

▶ 리더가 일을 맡겼다.

▶ 리더가 일을 떠넘겼다.

팀원이 둘 중에서 어떤 느낌을 받느냐에 따라 리더가 일을 맡기는 능력이 드러난다. 이번 사례에서 리더가 다음과 같은 말을 했다면 어떨까?

"이렇게 빨리나? 고마워요. 덕분에 살았어요."

"아니, 벌써 다했어요? 다른 일을 조정해서 처리했나 보네요. 정말 감사합니다. 한시름 놓았어요."

이런 리더의 반응이 있으면 팀원들은 리더가 일을 떠넘긴 것이 아니라 리더가 맡긴 일을 자신이 맡아서 다행이라고 생각할 것이다. 일을 맡기는 것과 관련된 일련의 프로세스 하나하나에 리더의 자질이 드러난다. 순서대로 일을 흘려보내기만 하면 팀원들에게 신뢰를 잃을 뿐 아니라 일을 못하는 리더, 일을 적당히 하는 리더로 보일 것이다.

 Point 44 프로젝트 마감 때 덧붙이는 한마디가 신뢰감을 준다.

질책보다
다음을 기약하라

45

리더는 종종 원인을 끈질기게 추궁하는 행동을 하기 쉽다. 팀원들이 대답을 하든 안 하든 왜 그렇게 되었는지 계속 질문을 던지고 있지 않은가? 원인을 묻기보다 따지고 드는 것이다.

"왜 실적이 오르지 않지요?"

"왜 프레젠테이션에 실패했을까요?"

"왜 잊어버렸어요?"

"왜 보고하지 않았습니까?"

"어떻게 이런 결과가 나왔죠?"

일을 맡겼는데 어떤 문제가 발생했다고 하자. 그때 다음 원인을 밝히는 것은 중요하다. 다만 이 질문의 바탕에 다음과 같은 감정이 없는지 주의해야 한다.

▶ 책망하는 마음이 없는가?
▶ 어이없다는 감정이 없는가?
▶ 분노나 짜증이라는 감정이 없는가?

맡긴 일이 잘되지 않은 것에 대한 이런 감정은 리더의 표정, 말투, 목소리 톤 등으로 나타난다. 그리고 팀원들에게는 리더의 감정이 말 이상으로 민감하게 전달된다. 그러니 이유를 묻는 자기 자신의 마음 상태로 눈을 돌려보자. 그런데 이런 사람도 있을 것이다.

"나는 팀원을 탓할 마음도 없고, 어이없거나 짜증이 나지도 않는다. 순전히 앞으로의 일을 위해 원인을 밝혀내고 싶어서 원인을 물은 것이다."

그렇다고 해도 이유를 반복해서 물어보는 대화는 권하지 않는다. 왜냐하면 잘되지 않았다는 것을 무겁게 받아들이고 있는 팀원은 "왜?"라는 말이 반복되면 어느새 비난받고 있다고 느끼기 때문이다.

사람은 질책당하고 있다고 느끼면 냉정하게 자신을 돌아보지 못한다. 중요한 것은 앞으로 어떻게 나아갈 것인지 생각하는 것이다. 팀원을 대할 때는 바꿀 수 없는 과거보다 바꿀 수 있는 미래를 향해 물음을 제기하도록 하자. 포인트가 되는 질문은 "그럼 어떻게 할까?"이다.

"지금부터 할 수 있는 일이 무엇일까?"
"어떤 방안을 생각할 수 있을까?"

미래로 눈을 돌린 질문은 바꿀 수 있는 포인트를 되짚어 보기 쉽다. "왜?"를 "그럼 어떻게 할까?"로 바꾸면 대화의 방향이 바뀐다.

Point **45** **원인을 캐묻기보다 미래를 향하는 질문을 중시한다.**

팀원들의 협력 체제를
구축하는 법

46

프로젝트를 진행하면서 약간의 트러블이나 예상 밖의 사건, 예정이 변경되는 일은 생길 수밖에 없다. 그때 담당자 한 명이 대응하는 체제로 되어 있지 않은가?

어느 리더는 매일 아침 5분 동안만 단시간 근무하는 팀원들의 출근 시간에 맞춰 팀 미팅 시간을 갖고, 팀원들에게 자신이 지금 어떤 안건을 처리하고 있는지 알리도록 한다. 그렇게 해서 "A 씨는 내일이 마감일이라 바쁠 것 같으니 이 일은 우리끼리 합시다."라는 식으로 팀원들끼리 자발적으로 서로 보조하는 등 다양한 효과가 생겼다고 한다.

이 방법에는 다른 장점이 있다. 바로 리더가 팀원이 하는 업무의 총량을 정확하게 파악할 수 있다는 점이다.

'B 씨는 임원에게 직접 조사 업무를 부탁받았구나.'

이렇게 리더만이 일을 맡기는 것이 아님을 알게 되었다고 한다. 재택근무, 플렉스 타임(flex-time), 단시간 근무 등 다양한 근무 방식에 따라 매일 아침 정해진 시간에 모든 팀원이 모이지 않는 조직도 늘고 있다.

이 경우에는 실시간 미팅이 아니라 화상회의 시스템을 이용할 수도 있고, 메일로 공유할 수도 있다. 중요한 것은 담당하는 본인 이외에 아무도 사정을 모르는 상황을 만들지 않는 것이다.

또 다른 리더가 알려준 이야기가 있다. 그 리더의 팀은 팀원이 6명이라고 한다. 그중에는 단시간 근무하는 사원도 있고, 주 1~2회 정도 재택근무를 하는 팀원도 있어서 업무 공유가 잘되지 않는다는 느낌을 받았다고 한다. 그래서 고객에게 오는 모든 메일을 '참조'나 '숨은 참조'를 통해 팀 전체가 공유하는 방식을 도입했다.

처음에는 메일의 양이 늘어나는 데에 거부감을 느끼는 팀원도 많았지만, 안건의 공유를 통해 팀에 다음과 같은 장점이 생겨났다고 한다.

- ▶ 어느 한 명이 급한 휴가를 가더라도 다른 팀원이 대응할 수 있다는 점
- ▶ 서로 업무의 바쁜 시기와 여유가 있는 시기를 명확히 알 수 있다는 점
- ▶ 서로 돕는 세태가 생겼다는 점
- ▶ 서로 안심하고 유급 휴가를 낼 수 있다는 점
- ▶ 서로의 업무 방식에 영향을 받아 서로의 노하우와 깨달음을 얻었다는 점(지식 공유)

팀원이 많아지면 메일 양이 늘어서 역효과가 날 수 있지만, 팀원이 소수라면 효과적인 방법일 수 있다. 서로 보조하는 상황은 모두 서로 돕자고 말하는 것만으로는 생기지 않는다. 중요한 것은 팀 내에서 팀원이 목소리를 내는 방식이나 구조는 조직의 문화와 질서를 형성한다는 점이다.

문화가 될 때까지는 리더가 솔선수범해서 팀에서 벌어지는 일에 관심을 갖고 부족한 부분은 보조하겠다는 자세로 임해야

한다. 이런 리더의 자세는 팀 분위기와 문화에 큰 영향을 미친다. 팀원이 곤란을 겪고 있다고 목소리를 내면 리더를 포함해 반드시 다른 누군가가 지원해 준다는 신뢰감이 서로 생겨나면 팀원들은 안심하고 도와달라고 말할 수 있다.

⚡Point 46 정보를 공유해서 서로 지원하고 돕는다

가능과 불가능의
사이를 파악한다

47

　일의 끝은 시작만큼이나 중요하다. 목표를 달성했는지, 성과
는 어느 정도인지 평가하는 것도 물론 중요하다. 하지만 맡긴
일을 통해 팀원들이 얼마나 성장했는지도 굉장히 중요한 평가
축이다. 일을 맡기는 주된 목적이라고 해도 과언이 아니다.

　한 프로젝트가 끝나면 가능했던 일, 불가능했던 일을 본인이
제대로 파악할 만한 면담이나 대화의 시간을 갖도록 하자. 가능
했던 일은 자신감으로 이어지고, 불가능했던 일은 과제로 이어
진다. 이때의 포인트는 리더가 먼저 평가하는 것이 아니라 팀원
이 자기 평가를 말로 하는 것이다.

어디까지 할 수 있었는지, 무엇이 과제인지, 다음에는 어떤 일에 도전하고 싶은지, 왜 그렇게 생각하는지 질문하면서 본인에게 확인하도록 하자. 팀원들은 바로 대답하지 못할 수도 있다. 또한 리더의 견해와 다른 대답이 돌아올 수도 있다. 그래도 상관없다.

리더의 질문은 팀원의 마음에 남아 생각하는 계기가 될 것이다. 일의 마무리는 다음 단계에서 성장을 촉진하고, 경력을 쌓게 해주는 중요한 마침표다.

 Point 47 가능했던 일은 자신감을 충전해 주고, 불가능했던 일은 다음 일에서 살린다.

6장

일 잘하는
리더가 아닌
일 잘 맡기는
리더가 되라

일 맡길 때
가장 많이 실수하는 것

48

일을 맡길 때 빈번히 실패하는 이유 중 하나는 일을 그대로 떠넘기는 것이다. 일을 맡기는 것과 그대로 떠넘기는 것은 전혀 다르다. 조직에 정말 필요한 일을 맡겼는지 리더가 아무렇게나 목적 없이 그대로 떠넘긴 것인지 팀원들은 이미 눈치채고 있다. 평소에 다음과 같은 행동을 하고 있지 않은가?

▶ 임원이나 본사에서 보내 오는 이메일을 기계적으로 곧바로 특정 팀원에게 전송한다.
▶ 아무것도 쓰지 않고 이메일을 전송하는 경우가 있다.

▶ 이메일의 내용을 제대로 파악하지도 않고, "이거 잘 부탁해!"라고 전송하는 일이 있다.

바빠서 시간에 쫓기다 보면 무심코 이렇게 일을 처리할 수 있다. 제출 서류나 보고서가 너무 많아서 그럴 수도 있다. 예를 들어 두 명의 관리직이 있다고 하자.

▶ 관리직 A 씨는 자신이 팀원 시절일 때 보고서 작성을 도맡아 했고, 이를 통해 많이 배웠다고 생각했다. 그래서 자신의 팀원 시절을 이야기하면서 매우 의의가 있는 일이라며 팀원에게 보고서 작성을 맡기고 있다.
▶ 관리직 B 씨는 솔직히 보고서 작성이 귀찮다. 늘 바쁘기도 해서 매월 보고서 양식을 팀원에게 보내 맡기고 있다.

언젠가 기회가 있어서 이러한 위와 같이 일하는 관리직 리더 두 사람에게 보고서 작성은 어떻게 하고 있느냐고 똑같은 질문을 했다. 두 리더의 대답은 역시 똑같았다.

"보고서 작성은 팀원들에게 맡기고 있습니다."

이 사례를 읽고 어떤 생각이 드는가? 팀원들은 리더의 이러한 일 처리 방식을 어떻게 생각할까? 리더가 자기 일을 그대로 떠넘겼다고 생각하는지 아닌지는 팀원이 받아들이기 나름이다. 리더인 내가 무슨 생각으로 일을 맡겼는지와 상관없이 팀원이 리더의 일을 떠맡았다고 느끼면 그 일은 그대로 리더가 떠넘긴 일이 된다.

좀 전의 예시로 말하자면 관리직 B 씨가 일을 맡기는 방법은 귀찮아서 팀원에게 떠넘긴 것이다. 팀원이 떠맡았다고 생각해도 어쩔 수 없는 부분이다.

한편 일의 성격이 가치가 있다고 느껴지는 일, 기여하고 있다고 느껴지는 일, 보람을 느끼고 자랑스러운 일에 대해서는 떠맡았다고 생각하지 않을 것이다. A 씨가 일을 맡기는 방법이라면 일을 맡은 팀원도 '이건 의미 있는 일이다.'라고 느낄 가능성이 크다. 이렇게 같은 보고서 작성 업무라도 맡기는 방법에 따라 팀원이 받아들이는 방식이 달라진다.

마지막으로 리더가 일을 그대로 떠넘기는 방식의 단점을 정리하면 다음과 같다.

▶ 팀원들이 불신감을 품는다.

▶ 팀원들의 보람을 빼앗는다.

▶ 팀원들이 일 못하는 리더라고 생각한다.

일을 그대로 떠넘기지 않도록 자신의 팀원에게 맡기고 싶은
일에 대한 의의와 가치를 알려주자.

Point **48** **팀원이 일이 떠넘겼다고 느끼는 것은 리더 잘못이다.**

일 맡길 때
두 번째 많이 실수하는 것

49

일을 맡길 때 빈번히 실패하는 또 다른 이유 중 하나는 마이크로 매니지먼트(Micro Management)다. 리더가 팀원의 업무에 시시콜콜 참견하고 간섭하는 마이크로 매니지먼트는 어떻게 보면 그대로 떠넘기는 것과 반대되는 행위라고 할 수도 있다. 예를 들어 평소 다음과 같은 행동을 하고 있지 않은가?

▶ 업무의 진행 방식과 수행 방법을 세부적으로 지시한다.
▶ 오늘 안에 끝내라고 전달한 업무의 진행 상황을 시간마다 확인한다.

▶ 고객과 전화를 끊는 순간에 "어땠어?" "뭐라고 해?"라고 묻
  는다.
▶ 팀원에게 맡기는 것이 불안해서 모든 단계에 참여한다.

팀원으로서 매우 우수했던 사람이 조직이나 팀을 이끌게 되
었을 때 다음과 같은 이야기를 자주 듣는다.

"나는 당연히 했던 일을 그 사람은 못하는지 모르겠어요."
"팀원의 업무 방식이 답답해요. 정말 염려스럽습니다."
"진행 과정이 좋지 않아서 초조해지니 세세하게 지도할 수밖
에 없어요."
"그냥 불안해서 참을 수가 없습니다. 도저히 그에게 맡길 수
있는 상황이 아닙니다."
"어디에서 문제가 될지 예측할 수 있어서 미리 일일이 가르
치게 됩니다."

동시에 다음과 같은 마음을 털어놓는 리더도 있다.

"저도 팀원 시절에는 늘 일을 도맡아서 했어요. 그래서 일을

맡기는 게 중요하다는 것을 머리로는 알고 있죠. 하지만 일을 맡겨 놓으면 아무래도 마이크로 매니지먼트를 할 수밖에 없는 상황에 빠지게 됩니다. 유능한 팀원이 없는 경우에는 어떻게 해야 할까요?"

이런 상황의 원인으로 생각할 수 있는 것은 결과에 책임을 지려고 한 나머지, 항상 팀원의 상황을 파악해 지휘해야 한다는 마음이 앞서는 것이다. 또한 자신과 비슷한 성과를 내려면 자신이 이것저것 구체적으로 지시하는 편이 낫다고 믿고 있을 가능성도 있다. 마이크로 매니지먼트는 단기적인 시점에서 일시적인 성과는 볼 수 있지만, 장기적인 시점에서는 도움이 되지 않는다.

① 팀원이 스스로 생각하지 않게 된다

마이크로 매니지먼트의 가장 큰 단점은 팀원이 생각하는 힘을 잃는다는 점이다. 다음 업무도, 그다음 업무도 리더가 세세하게 지시하면서 빈번히 상의하고 보고하길 요구하는 마이크로 매니지먼트에 익숙해지면 머지않아 팀원은 스스로 생각하는 것을 포기하게 된다. 그러면 아무리 시간이 흘러도 팀원의 성장을 기대할 수 없다.

② 리더와 팀원 사이에 신뢰 관계가 형성되기 어렵다

리더의 불안에서 파생한 과도한 간섭은 팀원과의 신뢰 관계 구축을 어렵게 한다. 하는 수 없이 자주 보고해야 하는 상황에서는 팀원들이 받는 스트레스는 점점 커진다.

또한 리더의 "자네에게 맡길게."라는 말이 '자네에게 이 일을 맡길 테니 내 말대로 지시에 따라 움직이도록 해. 보고도 게을리하지 말도록'이라고 해석될 수 있다. 이러면 마음 편히 일한다기보다 감시하에 일하는 느낌을 받게 된다.

생각하는 힘은 여백에 의해 길러지는 법이다. 정해진 방식이 없는 과성에서 '어떻게 해야 성과가 나올까?'라며 머리를 쥐어짜 다양한 방안을 내놓고 실행하는 과정이 반복되면서 생각하는 힘이 길러진다.

마이크로 매니지먼트는 실패에 대한 불안감에서 나온다. 만약 자신이 마이크로 매니지먼트에 빠진 것을 느낀다면 우선 자기 안에 불안감이 없는지 살펴보자. 불안감은 '이렇게 해야 한다' '이렇게 있어야 한다'라는 자신이 생각하는 이상적인 업무 결과에서 생겨난다. 마이크로 매니지먼트에 의존하는 자신의 모습을 깨달았다면 다음을 생각해 보자.

▶ 나는 왜 마이크로 매니지먼트를 하는가?

▶ 팀원에게 이상을 강요하고 있지 않은가?

▶ 마이크로 매니지먼트 때문에 팀원들이 보람을 잃지 않을까?

마지막으로 마이크로 매니지먼트의 단점을 정리하겠다.

▶ 팀원은 신뢰받지 못하고 있다고 느낀다.

▶ 팀원에게 불필요한 스트레스를 준다.

▶ 팀원이 생각하는 힘을 기르지 못한다.

▶ 팀원의 동기부여가 저하된다.

▶ 새로운 발상이 생겨나지 않는다.

▶ 리더에게 자주 진행 상황을 보고하면서 팀원은 스트레스가
  커진다.

마이크로 매니지먼트에 의존하지 않으면서 일을 맡길 수 있
도록 노력해 보자.

Point 49 마이크로 매니지먼트는 팀원의 사고를 정지시킨다.

팀원이 불안해할 때

50

일을 맡긴 팀원이 자신의 마음을 털어놓았다고 하자.

"제가 그 역할을 할 수 있을지 불안한데요."
"생각해 봤는데, 지금의 제 상태로는 어려운 것 같습니다."

여러분은 어떻게 생각하는가?

▶ '미덥지 않은 사람'이라는 꼬리표를 붙이고 싶어질까?
▶ '중요한 프로젝트는 이제 맡기지 말자'라고 생각할까?

- ▸ '그럼 다른 팀원에게 맡겨야겠다'라고 생각할까?
- ▸ '진심을 말해줘서 고맙네'라고 생각할까?
- ▸ 팀원이 한 걸음 더 나아갈 용기를 낼 수 있도록 격려하고 싶어질까?

이때 꼭 생각해 보기 바란다. 바로 마음을 털어놓은 팀원의 심경에 대해서다. 자신감이 없다는 불안감을 드러내는 것은 팀원이 용기를 낸 일이다. 리더가 어떻게 해석할지 알 수 없다는 불안감이나 평가에 영향이 있으면 어쩌나 하는 걱정도 머리를 스쳤을지 모른다. 그래도 리더를 믿고 상의한 것이다. 리더는 우선 부정적인 이야기를 용기 내어 꺼낸 것에 대해 긍정적으로 받아들이기를 권한다.

'이 리더에게는 진심을 전해도 괜찮아.'

팀원의 이런 생각은 리더에 대한 신뢰로 이어지는 아주 큰 원동력이 된다. 신뢰가 쌓이면 팀원은 문제가 커지기 전에 리더에게 보고하고 상의할 것이다. 물론 반대의 사례도 있다.

'저 리더에게 속마음을 말하면 부정적인 평가를 받거나 어이 없다고 반응할 게 분명해.'

이렇게 되면 팀원들은 속마음을 감추려고 해서 나중에 큰 문제가 되어 돌아올 수 있다. 속마음을 드러내고 있는가? 리더가 마음을 드러내면 서로 마음을 털어놓기 쉬운 조직 분위기를 조성하는 데 도움이 된다.

"오랜만에 긴장되네요."
"사실 이런 거 잘 못하는데⋯⋯ ."

이런 식으로 사소한 한마디라도 좋다. 팀원들은 분명 '나만 그런 게 아니구나. 리더도 나하고 비슷한 사람이구나'라고 동조하게 되고, 그동안 말하지 못했던 생각을 털어놓을 수도 있다. 의지할 수 있는 리더는 약점을 드러내지 않는 리더가 아니다. 누구에게나 약점이 있다. 그것을 인지하고, 자신의 약점을 스스로 파악하고 표현하며 어떻게 보완해야 하는지 알고 있는 리더가 진정한 리더다.

만약 리더란 모름지기 '의지할 수 있는 리더가 되어야지 절

대 고민이나 약점을 보여서는 안 된다'고 생각한다면 한 번쯤
은 실험 삼아 실제 느끼는 마음을 드러내 보자. 분명 이전보다
팀원들이 의지하는 존재가 될 것이다.

Point **50** **약점을 드러내는 것을 긍정적으로 받아들인다.**

맡긴 일을 리더가 이렇게 처리할 때 팀원은 질색한다

51

팀원들에게 맡긴 일이 조직 안팎에서 훌륭한 평가를 받았다고 하자. 그때 다음과 같은 발언을 한 적이 있는가?

"사실 제가 뒤에서 여러모로 지도했습니다."
"자신감을 북돋기 위해 거의 다된 프로젝트를 맡긴 겁니다."

팀원들의 성과가 리더의 성과인 것처럼 이야기해서 의도한 결과는 아니었더라도 어느새 분위기가 다음과 같이 흘러간 경험이 있지 않은가?

▶ 팀원이 아닌 리더의 성과로 인지되었다.

▶ 팀원의 발안이었는데 리더가 발안해서 이룬 팀 성과로 바뀌었다.

이렇게 일의 성과를 리더의 공으로 보이게 하는 '성과 가로채기'는 리더가 절대로 해서는 안 되는 일이다. 상황에 따라서는 리더의 지원으로 더 좋은 방향으로 성공했을 수도 있다. 또한 리더 자신의 '사실 내가 이 프로젝트의 일등 공신'이라는 인정 욕구 때문에 그럴 수도 있다. 하지만 그렇게 하지 않아도 팀원들이 성과를 내면 리더에게 좋은 평가는 자연스럽게 따라온다.

"부하 직원을 육성하는 능력이 정말 뛰어납니다."

"리더로서 훌륭합니다."

자기 자랑만 하면서 팀원이 아닌 자신이 주목받으려는 리더가 있다면 분명 팀원들은 마음속으로 정이 떨어질 것이다. 이런 일은 공공연히 리더 본인에게 전달되지는 않아도 팀원들의 불만은 뒤에서 쌓여가고 있다.

어느 리더의 이야기를 소개하겠다. 그는 리더가 되었을 때 나는 내가 당했듯이 성과를 가로채지 않을 거야라고 다짐했다고 한다. 그의 회사에서는 임원 회의에서 의견을 내놓을 수 있는 직급이 과장 이상이라는 원칙이 있었다. 그래서 팀원들의 성과를 자신이 발표하면 성과를 가로채는 것 같아 갈등하던 시기가 있었다고 한다. 생각한 끝에 다음 세 가지를 실천하기로 했다.

▶ 임원 회의 마지막에 실제 기획자의 이름을 밝힌다.
▶ 기획한 팀원에게 임원 회의에서 기획 당사자 이름을 밝히겠다고 말한다.
▶ 임원 회의에서 나온 반응을 반드시 일한 당사자에게 전달한다.

또한 사소한 일일지도 모르지만, 메일을 보낼 때도 반드시 실제로 일을 맡은 팀원을 '참조'에 넣으려고 신경 쓴다고 한다. 이러한 사소한 일이 쌓이고 쌓여야 팀원들의 신뢰를 얻을 수 있다. 반면에 사소한 일 때문에 순식간에 팀원들과 신뢰 관계가 깨질 수도 있다.

마지막으로 또 하나 성과 가로채기와 관련해 전하고 싶은 바가 있다. 팀원에게 맡긴 일로 리더가 칭찬받을 경우 어떻게 해야 할까? 그럴 때는 반드시 팀원이 작업한 것임을 자랑스럽게 밝히길 바란다. 이렇게 반드시 팀원들이 주목받을 수 있도록 하자.

"사실 그것은 우리 팀 A 씨의 아이디어입니다."
"B 씨가 거래처를 자주 다니며 신뢰 관계를 쌓아준 덕분에 가능한 일이었습니다."

Point 51 **성과에 팀원이 주목받게 하는 것이 팀원과의 신뢰를 쌓게 해준다.**

성과를 내고 있는 팀원에게 리더가 조심해야 할 것

52

성과를 내고 있는 팀원들에게 리더가 조심해야 할 것이 있다. 바로 불필요한 방해를 하지 않는 것이다.

- ▶ 문제없이 진행되고 있는데 개입하려는 리더
- ▶ 팀원의 손을 멈추게 하는 발언을 하는 리더
- ▶ 팀원이 생각했던 것과 똑같은 내용을 굳이 표현을 바꿔서 반복하는 리더
- ▶ 일을 맡기자마자 '이거 해라 저거 해라' 구체적인 지시를 내리는 리더

만약 이런 행동을 한 적이 있다면 우월 욕구에 휘둘리는 상태일지도 모른다. 우월 욕구란 말 그대로 상대보다 우위에 서고 싶어 하는 욕구다. 리더는 자신에게도 이 우월 욕구가 있을 수 있음을 의식하고 조심할 필요가 있다.

팀원들이 좋은 평가받는 모습을 보고 자신의 자리가 위협받는 것처럼 느껴져 자신의 가치를 뽐내고, 존재감을 드러내고 싶어지는 감정이 생길 수 있기 때문이다. 이런 감정 때문에 나타나는 언행은 팀원에게도 리더에게도 불행을 가져다준다.

보조해야 하거나 지원이 필요한 팀원도 있고, 오히려 그것이 방해가 되는 팀원도 있다. 필요 없는 상황에서는 팀원을 지켜볼 수도 있는 마음의 여유도 갖추길 바란다. 그리고 자신이 나서지 않아도 된다는 것을 오히려 자랑스럽게 생각하자.

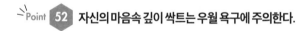

Point 52 자신의 마음속 깊이 싹트는 우월 욕구에 주의한다.

팀원이 자립하게 돕는 방법 다섯 가지

53

조직에는 실로 다양한 팀원이 있다. 경험치도 제각각이고, 각자 잘하는 영역과 못하는 영역이 있어서 맡기는 일의 수준도 사람에 따라 그때그때 달라진다. 리더가 개입하거나 지원할 필요가 있는 팀원도 있고, 그렇지 않은 팀원도 있을 것이다. 따라서 리더가 개입하는 방법은 팀원마다 달라질 수밖에 없다. 잠시 질문해 보겠다.

"리더에게 의존하는 팀원이 있는가?"
"리더가 없어도 자립할 수 있는 팀원이 얼마나 있는가?"

팀원의 자립은 리더에게 달려 있다. 지금부터 팀원의 자립을 위해 리더가 의식해야 할 다섯 가지 조건을 말해보겠다.

① 일의 의의나 가치를 공유한다

평소에 '누구를 위해, 무엇을 위해 이 일을 하는지'에 대해 팀원들과 공유하고 물어보자. 팀의 임무, 조직의 목표, 업계의 방향성, 자신의 비전에 대해 지속적으로 대화하는 것은 무엇보다 중요한 일이다. 그러면 팀원은 자연스럽게 자신이 맡은 일이 어떤 의미가 있는지 스스로 찾게 된다.

② 선택권을 팀원에게 넘긴다

일을 맡길 때는 팀원이 스스로 생각하고 선택할 수 있는 선택권을 주자. 팀원 스스로 고민하면서 스스로 결정하는 것이 팀원의 자립을 돕는다. "다음에는 어떤 일에 도전하고 싶은가?"라고 질문을 하는 것도 추천한다.

③ 무슨 말을 해도 괜찮은 팀을 만든다

리더도, 팀원도, 서로가 서로에게 다음과 말을 하는 분위기는 매우 중요하다.

"어떤 의견이라도 말해도 괜찮아."

"실패해도 괜찮아."

"도전해도 괜찮아."

"마음을 털어놓아도 괜찮아."

"달라도 괜찮아."

이렇게 팀 내에 '괜찮아'라는 말을 나누면 팀원 개개인이 마음 편히 일할 수 있다. 더불어 그대로의 자기 능력을 발휘할 수 있는 환경이 되어 항상 높은 목표에 도전하고 성장해 자립으로 나아갈 것이다. 리더의 도량이 중요한 열쇠가 된다.

④ 성취감을 맛보게 한다

팀원 한 사람 한 사람이 각자 다른 입장이나 역할에 따라 자기 나름대로 해냈다고 느끼는 것은 매우 중요하다. 성취감은 다음 일을 향한 원동력이 되어 팀원의 자립을 뒷받침한다.

리더가 도중에 일을 가지고 가거나 목표가 불분명하거나 오는 일을 곧장 넘겨주기만 하면 팀원들은 성취감을 느끼지 못하고 불만족스러운 상태가 지속된다.

⑤ 개개인이 존재 가치를 느끼게 한다

자신의 팀원이 '나는 여기에 있는 의미가 있다'라고 느낄 수 있을까? 존재 가치란 '어떤 의미가 있다' 내지는 '나를 필요로 한다'라고 느끼는 데에서 생긴다.

"이 일을 맡기고 싶습니다."
"당신의 힘을 빌리고 싶어요."
"맡아주어서 고마워요."
"덕분에 안심이 됩니다."

이런 말들은 팀원들의 마음에 자양분이 될 것이다. 일을 맡기는 것은 팀원의 존재 가치를 높이는 수단이라고 해도 과언이 아니다. 가끔 자기 자신에게 '팀원을 리더에게 의존하게 만든 것은 아닐까?'라고 물어보자.

Point 53 일을 맡기는 것의 최종 목표는 팀원의 자립이다.

팀원에게
의지하는 리더?

54

팀원들의 자립을 촉진할 때 조심해야 할 부분이 있다. 바로 리더의 의존이다.

▶ 그녀는 우수한 팀원이라서 다른 부서로 보내고 싶지 않다.
▶ 그가 팀의 구성원으로 자신의 조직에 있길 바란다. 그래서 관리직으로 추천하고 싶지 않다.
▶ 거절이나 반대 의견을 말하지 않는 팀원을 곁에 두고 싶다.
▶ 속마음이 드러나는 팀원과 일하고 싶다.
▶ 호흡이 잘 맞는 사람과 일하고 싶다.

이런 마음은 자신이 팀원에게 의존하고 있다는 증거일 수 있다. 팀원 모두 고루고루 일을 맡겨야 팀원들이 성장하고, 폭이 넓어진다. 그러면 언젠가 "당신 덕분입니다."라는 말이 들려올 것이다. 그런 생각이 잘 들지 않는 사람에게 추천하고 싶은 것이 있다.

바로 자신이 지금까지 살아온 인생을 돌이켜 보는 것이다. 돌이켜 보면 '분명 그날, 그때, 그 사람 덕분에 지금의 내가 있다'라는 경험이 쌓여 있을 것이다.

팀원이 '저 사람과 함께 일하면 성장할 수 있다'라고 동경하는 리더가 되자. 상사가 '당신은 어떤 팀원이라도 소중히 성장시키고, 각자에게 맞는 재능을 이끌어준다'라고 신뢰하는 리더가 되자.

 리더가 팀원에게 의존하는 마음은 팀원의 자립에 방해가 된다.

리더의 자질은
여기에서 드러난다

55

▶ 실적만을 추구하는 리더와 팀원 개개인의 성장을 바라는
리더.

▶ 수치나 결과에만 관심이 있는 리더와 개개인에게 관심이
있는 리더.

팀원들은 어느 쪽을 따라가려고 할까? 팀원들의 성장을 위해
일을 맡길 각오가 있는지에 따라 리더의 자질이 드러난다. 각오
란 어려움이나 고생이 예상되거나 불안한 감정이 있더라도 한
걸음을 내딛는 것이다.

▸ 불안을 쉽게 떨치지 못한다.

▸ 진행 상황을 일일이 신경 쓴다.

▸ 시간이 없어서(또는 불안해서) 일을 가져오고 싶다.

▸ 방법을 지시하고 싶어진다.

이러한 상황이나 심리 상태에서도 '그래도 믿고 맡기자'고 생각할 수 있는 리더가 되자. 그렇게 일을 맡기는 결단에 리더의 자질이 드러난다.

Point 55 **일을 맡기는 결단에 리더의 자세가 드러난다.**

 이제 일을 잘 맡길 각오가 되어 있는가? 내가 혼자 일을 잘하는 것은 쓸모없다. 팀원이 일을 잘하게 돕는 게 리더다. 서로의 성장을 돕는 리더가 되자. 반년 전 우연히 이런 일이 있었다.

 "일을 맡기고 싶은데 어떠세요?"
 "영광입니다! 당신이 일을 맡겨주시면 당연히 기쁘죠!"

 이것은 상사가 예전에 함께 일했던 부하를 몇 년 만에 재회해 업무 제안을 했을 때의 대화다. 나는 우연히 그 자리에 있었지만, 몇 년이 지나도 변하지 않은 두 사람의 신뢰 관계에 감동했다.
 팀원에게 일을 맡기고 싶다는 리더의 신뢰와 자신에게 일을 맡겨달라는 팀원의 태도는 이 책을 집필하는 데에 원동력이 되어주었다. 지금도 그 두 사람의 모습이 눈에 선하다.

마지막으로 이 책을 "당신에게 맡기고 싶습니다."라면서 1년 반 가까이 함께 달려주신 아스카 출판사의 후루카와 씨에게 진심으로 감사드린다.

평소 많은 배움과 깨달음을 주시는 무의식적 편견 연구소의 이사 여러분, 인정 트레이너 여러분, 강사 동료 여러분, 강연이나 연수의 기회를 주신 여러분, "맡겨만 주세요!"라고 항상 아낌없이 지원해 주는 이노우에 마이 씨에게 진심으로 감사의 마음을 전한다.

그리고 항상 새로운 도전을 응원해 주는 아내에게 진심 어린 고마움을 전한다. 끝까지 읽어주신 여러분, 고맙습니다.

모리야 도모타카

옮긴이 정지영

대진대학교 일본학과를 졸업한 뒤 출판사에서 수년간 일본도서 기획 및 번역, 편집 업무를 담당하다 보니 어느새 번역의 매력에 푹 빠져버렸다. 현재는 엔터스코리아 출판기획 및 일본어 전문 번역가로 활동 중이다. 옮긴 책으로 《부자들의 인간관계》《비즈니스 모델 디자인》《돈이 쌓이는 가게의 시간 사용법》《행복한 사람은 단순하게 삽니다》등이 있다.

일을 잘 맡기는 기술

초판 1쇄 발행 2024년 4월 8일
초판 3쇄 발행 2024년 4월 15일

지은이 모리야 도모타카
옮긴이 정지영
펴낸이 정덕식, 김재현

책임편집 김지숙
디자인 스튜디오 고요
경영지원 임효순

펴낸곳 (주)센시오
출판등록 2009년 10월 14일 제300-2009-126호
주소 서울특별시 마포구 성암로 189, 1707-1호
전화 02-734-0981
팩스 02-333-0081
메일 sensio@sensiobook.com

ISBN 979-11-6657-145-9 (03320)

소중한 원고를 기다립니다. sensio@sensiobook.com